# M.E.T.A.S

Explota tu potencial,
alcanza tu propósito.

VALERIA FERREYRA

# M.E.T.A.S

## Explota tu potencial, alcanza tu propósito.

VALERIA FERREYRA

Con la colaboración de Santiago Ferreyra

**M.E.T.A.S** por Valeria Ferreyra

**Edición y diseño**: SF Design
**Fotografía contratapa**: Marcela Agüero Fotografía

**ISBN print**: 979-8-9930809-0-1
**ISBN e-book**: 979-8-9930809-1-8

facebook.com/valeria.ferreyra.7982
instagram.com/valeriaferreyrap
pastoravaleriaferreyra@gmail.com

# DEDICATORIA

Este libro está dedicado solo a una persona: Santiago Ferreyra, mi esposo, mi único amor, el padre de mis hijos, mi mejor amigo en la tierra, la persona que más me conoce, mi compañero de milicia. El que me ayuda cada vez que lo necesito. Él fue el que editó este libro, lo corrigió y lo diseñó. Estoy muy agradecida especialmente por su valiosa colaboración en escribir el capítulo 11 completo. Él siempre está conmigo ante cualquier circunstancia, el que lava los platos de noche porque sabe que a esa hora ya estoy muy cansada. El que cuando tuve que atravesar el proceso de la lucha contra el cáncer de seno se quedó conmigo y me mimó durante todos esos años. El que camina conmigo hace ya más de 35 años y esperamos estar juntos hasta que la muerte nos separe. Tengo mucho más para decir sobre él, pero quiero a través de estas palabras darle la honra que se merece, por ser un hombre íntegro, un esposo cariñoso y romántico, un ejemplo para nuestros hijos y un hombre de fe inquebrantable.

¡Mi amor, gracias!

# CONTENIDO

# AGRADECIMIENTOS

Quiero agradecer a mi hija Julieta, la primera, mi princesa, por enseñarme siempre tantas cosas, por motivarme a seguir con mis proyectos. Su vida me bendice.

Juli: gracias por compartir conmigo herramientas para que me actualice en la vida, por tus consejos y tus ideas. Por estar siempre al lado nuestro en la obra, de forma incondicional, por ser una columna para la iglesia.

Le doy gracias a Dios por mi yerno Jeff; es un regalo de Dios a nuestras vidas.

Jeff: Estoy orgullosa de cómo vives tu vida y lo que has logrado.

A mi hijo Jeremías, el segundo y último, mi príncipe. Admiro lo disciplinado que es, aprendo de él, de sus rutinas diarias; de sus esfuerzos por obedecer a Dios en todas las áreas de su vida.

Jere: gracias por tus mimos, tus masajes en el cuello cada día, por tus abrazos y tu cariño. Por ser ejemplo para tu generación.

Ellos son mi mayor tesoro en la tierra, los amo, los admiro porque aman a Dios y le sirven de forma incondicional.

Quiero agradecer a mi hermano Andrés Correa. Su vida en el deporte, el tenis de mesa, ha sido y sigue siendo una vida de disciplina, esfuerzo y negación a otras diversiones por dar lo mejor. Es un ejemplo para mí y su determinación frente a la vida me motiva.

Gracias a Celia, mi cuñada, y a mis sobrinos Victoria y Álvaro, que contribuyeron y le ayudaron a poder cumplir con las metas que él se propuso y alcanzó.

Finalmente, quiero agradecer a todos los que forman parte de Cita con la vida Kissimmee, porque ellos fueron la motivación para escribir este libro, capacitarlos para que logren alcanzar aquello para lo cual fueron alcanzados.

# INTRODUCCIÓN

Mi única motivación al escribir este libro es compartir con ustedes las estrategias y técnicas que a mí me han funcionado para alcanzar mis metas. Ya hace muchos años que trabajo de esta forma, me hace bien y me siento productiva. Creo que corresponde a la etapa de la vida que estoy viviendo, tengo 57 años y necesito sentirme realizada, según Erik Erikson, la etapa de Generatividad vs. Estancamiento (40 a 65 años); aunque en realidad siempre he sido así, solo ahora es más intensa e intencional el trabajar con metas.

Independientemente de la etapa que estés viviendo, todos necesitamos sentir que avanzamos en la vida y nos hace bien experimentar esas sensaciones cuando logramos lo que nos hemos propuesto.

En mis libros me gusta compartir mis experiencias, no solo la teoría, porque libros sobre teoría hay muchos. Es por eso por lo que quiero compartir contigo una síntesis de lo que yo considero mis logros en la vida, siempre con la ayuda y el favor de Dios sobre mi vida.

He leído muchos libros desde que era pequeña, al menos para mí son muchos. Mi meta anual de libros para leer es 20, pero casi siempre se agrega alguno más en el camino. De cada uno aprendo y llevo a la práctica esas enseñanzas, algunas de las cuales me han dado resultado.

Este libro no solo tiene el objetivo de contarte lo que más me funciona, sino de ofrecerte un espacio en el que puedas reflexionar y escribir tus propias experiencias a modo de diario. Escribir de forma libre tiene un efecto terapéutico en nuestras vidas, por eso es importante no perder esta costumbre. Es un libro corto, que nació con la intención de capacitar a los miembros de Cita con la Vida Kissimmee, que es la iglesia que pastoreamos con mi esposo ya hace 15 años. Pero después pensé, ¿por qué no extender la experiencia a otras personas? Quizás pueda ser de utilidad. Oro para que en cada capítulo Dios pueda hablarte y logres tomar la determinación correspondiente para finalmente ponerla en práctica.

Me considero una persona rica, no millonaria. Los millonarios tienen millones, pero no necesariamente son ricos. Tuve una familia hermosa, padres amorosos, luchadores, que nos cuidaron y proveyeron todo lo que necesitábamos y más. Siempre se esforzaban por darnos lo mejor. Mi familia fue un buen modelo para mí. Después me casé con el que hoy es mi esposo Santiago, un hombre que ama a Dios, tuvimos dos hijos hermosos, Julieta y Jeremías. Dios nos ha sorprendido trayéndonos a Estados Unidos, que es donde residimos ahora. Él me ayudó a transitar mi proceso de lucha contra el cáncer de seno, eso pueden leerlo en mi libro "Elegida para ser procesada", mi experiencia con el cáncer.

Después pude continuar estudiando y obtener el título de Licenciada en Psicología y también poder ayudar a otros a través del coaching. Aún más, Dios me permitió y ayudó a realizar una maestría en trabajo social clínico; esto nunca me lo propuse, pero Dios fue abriéndome nuevos caminos.

Te cuento esto porque nosotros podemos ponernos metas, hacer un plan de vida, trabajar en nuestro interior, pero si servimos a Dios, tenemos un plus: Dios trabaja a nuestro favor dándonos nuevas oportunidades, poniendo en nuestro camino personas que quieran ayudarnos, sorprendiéndonos y mimándonos porque Él nos ama de forma incondicional. Reconozco que esto pude experimentarlo toda mi vida y lo seguiré haciendo, porque hasta el último suspiro seguiré amando y sirviendo a Dios.

Te animo a continuar o a empezar tu historia junto a Dios. ¡Adelante! A trabajar, para que puedas decir como dijo Pablo: He acabado la carrera, he guardado la fe. Dios te guíe en cada decisión y te permita sentirte rico al igual que me siento yo.

# "NO HE FRACASADO. HE ENCONTRADO 10.000 FORMAS QUE NO FUNCIONAN."

THOMAS A. EDISON

# 01

## ¿POR QUÉ NECESITAMOS METAS?

*"No hay logros sin metas."*
Robert J. McKaine

No hay victorias sin lucha, sí o sí tendremos que transitar el camino; ¿pero cuál camino? Sería ridículo pensar en comenzar un viaje sin saber a dónde iremos; o sin poner alguna dirección en el GPS. ¿Cómo sabríamos a qué lugar llegaremos, o cuánto nos falta? De la misma forma, la vida sin metas es un esfuerzo sin ningún objetivo. Las metas son un camino para llegar a alcanzar lo que deseamos en la vida, son esenciales para lograr nuestro máximo potencial, influyen en cada área y época de nuestra vida y nos capacitan para afrontar retos con valentía y determinación. Además, nos dan la posibilidad de fortalecer nuestro carácter.

Las metas no solo nos dan dirección, también nos otorgan sentido de identidad. Cuando estableces una meta, defines quién deseas ser y hacia dónde quieres ir. Es como trazar un mapa de tu propia existencia, donde cada ruta, cada desvío y cada parada tienen un propósito. Sin metas, la vida puede convertirse en una rutina aburrida, en una sucesión de días que se parecen unos a otros, sin un eje que los una. Pero cuando tienes metas claras, cada día cobra un nuevo significado, porque sabes que cada acción, cada pequeño esfuerzo, te acerca a ese destino que has elegido conscientemente.

También las metas nos ayudan a priorizar. En un mundo lleno de distracciones y demandas constantes, es fácil perderse en lo urgente y olvidar lo importante. Entonces las metas funcionan como un faro que ilumina el camino, recordándonos qué merece nuestra atención y energía. Nos permiten decir "no" a lo que no aporta y "sí" a lo que realmente suma a nuestro propósito. Así, aprendemos a administrar mejor nuestro tiempo, a organizar nuestras actividades y a vivir con mayor satisfacción.

## Vivir con metas te transforma

Las metas son un motor de motivación y perseverancia. Cuando enfrentas obstáculos, una meta clara te da razones para no rendirte. Te recuerda por qué comenzaste, te inspira a buscar soluciones creativas y a aprender de los fracasos. Cada logro, por pequeño que sea, alimenta tu confianza y refuerza la convicción de que eres capaz de mucho más. Así, el proceso de perseguir metas se convierte en una escuela de vida, donde la disciplina, la paciencia y la resiliencia se fortalecen día tras día.

Victor Frankl lo dice de esta manera: "Cuando ya no somos capaces de cambiar una situación, tenemos el desafío de cambiarnos a nosotros mismos" (Frankl, 2024). En el camino de alcanzar una meta, nosotros somos los que cambiamos.

A nivel personal, las metas nos impulsan a crecer y evolucionar. No se trata solo de alcanzar resultados externos, sino de la persona en la que te conviertes durante el proceso. Al proponerte metas, te desafías a salir de tu zona de comodidad, a descubrir talentos ocultos, a pulir habilidades y a desarrollar un ca-rácter más fuerte y maduro. Cada desafío superado deja una huella positiva en tu historia personal.

> ## "Deja en manos de Dios todo lo que haces, y tus proyectos se harán realidad."
>
> Proverbios 16:3 (TLA)

En el plano profesional, las metas son imprescindibles para el desarrollo y la realización. Un profesional sin metas puede sentirse estancado o insatisfecho, mientras que quien tiene metas claras se siente motivado, enfo-cado y capaz de aportar valor a su entorno. Las metas te permiten visualizar tu futuro, pla-nificar tu crecimiento y tomar decisiones inteligentes para avanzar en tu carrera.

En las relaciones personales, las metas juegan un papel fundamental. Nos ayudan a construir vínculos más sólidos y significativos, porque nos permiten compartir sueños, trabajar juntos hacia objetivos comunes y celebrar los logros en com-pañía. Una familia, una amistad o una pareja que tiene metas compartidas se fortalece y crece en unidad.

La ciencia también respalda la importancia de las

metas. Desde la psicología, se ha demostrado que las personas que establecen metas claras y específicas tienden a tener mayor bienestar, autoestima y sentido de logro. El proceso de definir, planificar y trabajar por metas activa áreas del cerebro relacionadas con la motivación, el autocontrol y la satisfacción personal. Además, el simple acto de escribir tus metas aumenta significativamente las probabilidades de alcanzarlas, porque te comprometes de manera consciente y activa con tu propio crecimiento. Más adelante veremos lo que piensan algunos psicólogos con relación a metas.

No olvides que el proceso de establecer metas es también un acto de autoconocimiento. Al preguntarte qué deseas lograr, te obligas a mirar hacia adentro, a identificar tus valores, tus pasiones y tus verdaderos anhelos. Este ejercicio te ayuda a descubrir quién eres y quién quieres ser. Así, cada meta se convierte en una expresión auténtica de tu identidad y tu propósito.

## Las metas son las alas de tu potencial

Por último, te animo a que no tengas miedo de soñar en grande. La vida es demasiado corta para conformarse con menos de lo que puedes ser o lograr. Atrévete a imaginar un futuro mejor, a visualizarte alcanzando tus sueños y a trabajar con pasión y disciplina para hacerlos realidad.

La Biblia dice en 2 Corintios 3:18 (RVR1960): "Por tanto, nosotros todos, mirando a cara descubierta como en un espejo la gloria del Señor, somos transformados de gloria en gloria en la misma imagen, como por el Espíritu del Señor."

Para ser transformados de gloria en gloria necesitamos mirar algo en lo que queremos transformarnos, ese algo es nuestra meta mayor. Para transformar mi carácter, para que se asemeje al carácter de Jesús, necesito mirarlo a él.

Salmo 84:7 (RVR1960): "Irán de poder en poder; verán a Dios en Sión."

La Biblia dice que iremos de poder en poder y de gloria en gloria, pero esto no es automático, ni mágico, ni instantáneo; tenemos que trabajar para lograrlo. Debo pensar primero cómo quiero ser, definir mi propio estilo, mi identidad. Establecer metas claras, con una mente enfocada en lo que Dios quiere para mi vida; desde mis valores y creencias personales, para poder ser fiel a mí mismo como prioridad.

## Las expectativas de Dios

Hay un pensamiento que, personalmente, me motiva a vivir con metas y es este: me imagino a Dios creándome en el vientre de mi mamá, pensando: a Valeria le voy a dar esta capacidad, esta habilidad, este don para que durante toda su vida pueda hacer todo esto, dejar una huella en los que la rodean, que alcance estos objetivos para que cumpla un determinado propósito. Y lo peor que podría pasarme es llegar al cielo, encontrarme con Dios y que me diga: yo esperaba que lograras todo esto, pero solo lograste la mitad. Eso sería terrible, enterarme de que ya estaba capacitada, que tenía todo para lograr más y por no proponérmelo, no organizarme, no planificar, no ponerme metas, no disciplinarme, no lo haya alcanzado… Que no haya alcanzado aquello para lo cual fui alcanzada. Pensar de esta forma me motiva cada día a seguir mi plan, a ponerme metas claras, objetivos, a disciplinarme, a intentar hacerlo lo mejor que pueda sin dejar de disfrutar del proceso.

Pretendo humildemente animarte a que esperes de tu vida algo más, a que te atrevas a mirar más lejos, que puedas expandir tu forma de pensar. La Biblia te diría así:

"**Ensancha** el sitio de tu tienda, y las cortinas de tus habitaciones sean extendidas; no seas escasa; **alarga** tus cuerdas, y refuerza tus estacas." Isaías 54.2 (RVR1960).

Es momento de ampliar la mirada, de expandir tu visión, de ver opciones diferentes, posibilidades distintas y horizontes lejanos pero alcanzables.

Cada meta es una declaración de fe en ti mismo, en tu potencial y en el propósito para el cual fuiste creado. No pospongas más tus sueños. Hoy es el mejor día para empezar. Escribe tus metas, visualízalas, ora por ellas, trabaja con constancia y celebra cada paso que te acerque a ellas. Porque cada meta escrita es, en realidad, un compromiso contigo mismo y con el futuro que deseas construir.

Recuerda, cada meta que escribes es un paso hacia la mejor versión de ti mismo. ¡Comienza hoy y sé intencional al diseñar tu vida!

## Para reflexionar:

¿Por qué crees que necesitas metas?

_____

_____

_____

_____

_____

_____

_____

_____

_____

_____

_____

_____

_____

# "APUNTA A LA LUNA. INCLUSO SI FALLAS, ATERRIZARÁS EN LAS ESTRELLAS."

**LES BROWN**

# 02

## VALORES

*"Procure no ser un hombre con éxito, sino un hombre con valores."*

Albert Einstein

El éxito verdadero no se mide solo en logros externos, sino en la capacidad de vivir de acuerdo con lo que realmente importa para ti. Así, cada meta alcanzada será una celebración auténtica y cada paso en el camino, una expresión de tu mejor versión.

# Mis valores

No podemos comenzar a hablar de metas sin antes reflexionar sobre "valores". Me refiero a los "valores reales", porque también existen los "valores ideales". Los valores ideales son esos que creemos tener, que decimos en voz alta o escribimos en una lista porque suenan bien, pero que nuestras acciones diarias no los respaldan. Por el contrario, los valores reales son aquellos que se reflejan en nuestro comportamiento diario, en nuestra agenda y en la manera en que respondemos a las situaciones de la vida.

Déjame explicarlo mejor con un ejemplo: supongamos que te digo que uno de mis valores es el trabajo. Si tú observas que tengo un empleo estable, que soy puntual, responsable y siempre doy lo mejor de mí, puedes ver claramente que en mi vida el trabajo es un valor real, no ideal. Pero también te digo que otro valor importante para mí es la familia, y que, en mi escala de prioridades, la familia está incluso antes que el trabajo. Esto me lleva a poner límites en el trabajo para no descuidar a mi familia. Por ejemplo, si mi jefe me pide trabajar horas extra todos los días, le diré educadamente que no será posible porque eso implicaría descuidar a mi familia, aunque podría ser flexible en temporadas altas y ayudarle algunos días adicionales. Así, por un corto tiempo, muestro a mi jefe que tengo buena disposición, pero sin perder de vista mis prioridades. Te cuento también que el valor primero de mi vida es Dios, por lo que el orden de mis prioridades quedaría así:

1- Dios
2- Mi familia
3- Mi trabajo

Este orden de prioridades debería reflejarse en mis decisiones. Si mi jefe me pidiera trabajar un domingo, día en que me congrego con mi iglesia, tendría que decirle que no, aunque tal vez una o dos veces al año podría hacer una excepción para un evento especial de la empresa. Así, mis valores no solo son palabras, sino que se manifiestan en mi forma de vivir.

Espero que estos ejemplos te ayuden a visualizar la diferencia entre valores reales y valores ideales, y la importancia de priorizarlos. Los valores reales son los que guían nuestras decisiones, incluso cuando es incómodo o implica renunciar a algo. Son nuestra brújula interna, la base sobre la que se construye una vida coherente y plena.

Los valores no solo definen nuestras prioridades, sino que también moldean nuestra identidad. Son el reflejo de quiénes somos en esencia y nos ayudan a mantenernos firmes frente a las presiones externas y las tentaciones pasajeras. Cuando vives según tus valores, experimentas una sensación de paz interior y autenticidad, que ningún éxito externo puede reemplazar.

Por eso, es fundamental que definas clara y sinceramente tus valores para no caer en el autoengaño. Tómate un tiempo para mirar tu agenda y ver qué se desprende de ella. Puedes marcar con diferentes colores tus actividades y verás claramente cuál color predomina; ese será tu valor número uno.

Este ejercicio visual es muy poderoso, porque muchas veces creemos que estamos viviendo alineados con ciertos valores, pero la realidad nos muestra algo muy diferente. Al identificar esta discrepancia, la psicología la llama disonancia cognitiva; podemos tomar decisiones conscientes para realinear nuestra vida con lo que realmente importa.

## El poder de priorizar

Solo después de definir tus valores reales podrás comenzar a delinear tus metas de manera que estén alineadas con ellos. Cuando tus metas están en armonía con tus valores, el proceso de alcanzarlas se vuelve más natural, motivador y satisfactorio. Por el contrario, cuando hay un conflicto entre tus metas y tus valores, experimentarás frustración, desmotivación e incluso abandono de tus objetivos.

La vida nos pone constantemente en situaciones donde debemos elegir. A veces, esas decisiones son fáciles; otras veces, implican sacrificios. Pero si tienes claramente definidos tus valores, tomar decisiones difíciles se vuelve más sencillo, porque sabes lo que realmente importa para ti.

Priorizar no significa que debas descuidar otros aspectos de tu vida, sino que aprendes a administrar tu tiempo y energía con sabiduría. Por ejemplo, puedes dedicar tiempo a tu trabajo, pero sin que eso signifique sacrificar la salud o la familia. La clave está en el equilibrio, y ese equilibrio solo se logra cuando tus valores están claros y ordenados.

## Ejercicio: descubre tus valores

Aquí tienes una lista de valores que pueden ayudarte a identificar los tuyos. Selecciona al menos cinco que sean esenciales para ti y ordénalos según tus prioridades actuales:

| Dios | Iglesia | Familia | Trabajo |
|------|---------|---------|---------|
| Generosidad | Amistad | Lealtad | Responsabilidad |
| Puntualidad | Honestidad | Tolerancia | Compromiso |
| Libertad | Compasión | Equidad | Comprensión |
| Disciplina | Paciencia | Prudencia | Gratitud |
| Respeto | Armonía | Servicio | Altruismo |
| Confianza | Valentía | | |

No te límites a esta lista. Puedes agregar otros valores que sean significativos para ti. Recuerda, lo importante es que sean reales y estén presentes en tu vida. Una vez que hayas identificado tus valores, reflexiona sobre cómo se manifiestan en tu día a día. ¿Tus acciones los respaldan? ¿Hay una diferencia entre lo que dices valorar y lo que realmente haces? Si encuentras una diferencia, no te castigues; simplemente observa y decide qué cambios puedes hacer para vivir de manera más coherente.

También es útil compartir tus valores con personas cercanas, para que te apoyen en tu camino y te ayuden a mantener el rumbo cuando las dudas o las dificultades aparezcan. La comunidad y el acompañamiento son aliados poderosos para vivir con integridad.

## De los valores a los deseos, y de los deseos a las metas

Todo comienza con un deseo, un anhelo, algo que quieres experimentar o lograr. Pero para que ese deseo se convierta en una meta alcanzable, debe estar alineado con tus valores y expresarlo en forma de afirmación positiva y concreta.

Haz el ejercicio de pensar en tres áreas de tu vida: recreacional, financiera y profesional. Escribe un deseo para cada una. Por ejemplo:

Recreacional: Quiero viajar a París.

Financiera: Quiero tener un auto.

Profesional: Quiero graduarme.

Ahora, transforma cada deseo en una meta afirmativa, cam-biando el "Quiero" por "Voy a":

Recreacional: Voy a viajar a París.

Financiera: Voy a tener un auto.

Profesional: Voy a graduarme.

> "Cuando las cosas se piensan bien, el resultado es provechoso. Cuando se hacen a la carrera, el resultado es desastroso."
>
> Proverbios 21:5
> (TLA)

Este simple cambio de palabras tiene un gran impacto en tu mente. Cuando afirmas "Voy a", te comprometes contigo mismo y das el primer paso hacia la acción.

Además, al transformar un deseo en una meta afirmativa, tu mente comienza a buscar oportunidades, recursos y estrategias que te acerquen a ese objetivo. El SAR (Sistema Reticular Activador) es una parte del cerebro; es un conjunto de núcleos neuronales, actúa como un radar interno y te ayuda a notar personas e ideas que te ayudarán a alcanzar tu meta. Es la explicación de que, por ejemplo, cuando quieres comprar un auto Toyota Corolla, comiences a ver ese auto por todos lados.

Cuando planteas tus metas de forma afirmativa, desde una mentalidad de posibilidad pones a trabajar a tu mente a tu favor.

## Cómo escribir tus metas para que sean efectivas

Tus metas deben ser claras, concisas y fáciles de recordar. Si las escribes de forma extensa o confusa, será difícil que las tengas presentes y trabajes en ellas. Además, es fundamental que las ubiques en un lugar visible: la puerta de tu habitación, el refrigerador, tu agenda, el espejo del baño o cualquier sitio que veas a diario. Así, cada vez que las mires, recordarás tu compromiso y renovarás tu motivación.

Un consejo práctico: utiliza recordatorios visuales. Puedes hacer un póster de deseos, usar imágenes, frases o incluso objetos simbólicos que representen tus metas. Visualizar tus metas de manera constante te ayudará a mantenerte enfocado y a superar los momentos de desánimo.

## Ajustando tus metas y valores

La vida es dinámica y tus circunstancias pueden cambiar. Por eso, es importante revisar tus metas periódicamente y ajustarlas si es necesario. No te sientas mal si debes modificar o incluso abandonar alguna meta; lo importante es que sigas avanzando en la dirección que más esté acorde con tus valores y tu propósito.

A medida que crecemos, nuestros valores pueden cambiar. Lo que era prioritario en una etapa de la vida puede dejar de serlo en otra. Por eso, te animo a revisar tu plan de vida al menos una vez al año, o cada vez que experimentes un cambio importante en tu vida.

Este proceso de revisión y ajuste es una oportunidad para crecer, aprender y adaptarse a nuevas realidades sin perder la esencia de lo que eres. La flexibilidad no es debilidad, sino sabiduría para vivir con autenticidad y propósito.

## La influencia de los valores en las relaciones

No solo tus metas personales y profesionales deben alinearse con tus valores, sino también tus relaciones. Mi esposo una vez inventó una canción y una parte decía: "Tú te trans-formas en lo que ves", y está muy acertado. En el año 1992, un equipo de neurocientíficos italianos liderado por Giacomo Rizzolatti en la Universidad de Parma (Italia), descubrió las neuronas espejo. Este equipo estaba llevando a cabo una investigación con monos y descubrió que las neuronas se activaban no solo cuando el mono realizaba una acción sino también cuando veía a un humano realizar la misma acción (Di Pellegrino et al., 1992). Debido a que todos tenemos estas neuronas espejo, debemos prestar atención y ver con quién compartimos nuestro tiempo, porque podría llegar a pasar que sus valores terminaran siendo los nuestros.

Cuando estaba estudiando para ser maestra, nos enseñaron que los niños aprenden por imitación; basados en la teoría del aprendizaje de Albert Bandura, la cual dice que las personas aprenden observando a los demás, no solo por experiencia directa sino también viendo, escuchando e imitando conductas y actitudes (Bandura, 1977). Estas son las razones por las que es tan importante seleccionar bien a las personas con las que nos relacionamos, porque terminaremos pareciéndonos a ellas.

*Escanea: Teoría de Bandura*

Cuando compartes valores con las personas que te rodean, las relaciones se fortalecen y se vuelven más auténticas. Por el contrario, cuando hay una gran diferencia de valores, pueden surgir conflictos, malentendidos y distanciamiento. Por eso, es importante rodearte de personas que respeten y compartan, al menos en parte, tus valores fundamentales. Así, podrás construir vínculos sanos, honestos y duraderos. Cultivar relaciones basadas en valores compartidos te brinda un entorno de apoyo, comprensión y crecimiento mutuo. Además, te ayuda a mantener el rumbo cuando enfrentas desafíos, porque sabes que cuentas con personas que te acompañan y te sostienen.

Vivir con valores y metas alineados es vivir con integridad, propósito y pasión. Es elegir cada día ser fiel a ti mismo, honrar tus prioridades y avanzar, paso a paso, hacia la vida que sueñas. No te conformes con lo que otros esperan de ti; escucha tu voz interior, identifica tus valores reales y construye tus metas desde esa base sólida.

¡Comienza hoy! Haz de tus valores la base de tus metas y verás cómo tu vida se transforma en un viaje pleno de sentido, coherencia y satisfacción.

## Para reflexionar:

Escribe algunos deseos que tengas: "Quiero…"_____

_____

_____

_____

_____

_____

_____

_____

Transfórmalos a cada uno en una meta: "Voy a…"_____

_____

_____

_____

_____

_____

_____

_____

¿Dónde podrías colocar tus metas para recordarlas a diario?

_____

_____

_____

_____

_____

_____

_____

_____

_____

"EL ÉXITO ES LA SUMA DE PEQUEÑOS ESFUERZOS, REPETIDOS DÍA TRAS DÍA."

ROBERT COLLIER

# 03

# CONSTRUYENDO MIS METAS

*"Comienza con el final en mente."*

*Stephen Corey*

Las metas son el motor de nuestras vidas. Las metas te llevarán más allá del lugar en el que hoy te encuentres. Es muy factible que una persona que vive sin metas, sin proyectos, sin propósito se entristezca y hasta pueda llegar a deprimirse. Las metas debieran ser parte de nuestras vidas siempre.

La sensación de alcanzar una meta produce en nosotros satisfacción y liberación de oxitocina. Alcanzar una meta activa el sistema de recompensa del cerebro, liberando dopamina (motivación) y oxitocina si el logro implica conexión emocional o propósito (Barraza, 2009). Cuando logras alcanzar una meta y dices: ¡Lo logré!, ¡Lo hice!, quieres ir por más y sientes que podrás lograrlo. Todo comienza por la primera meta, ¡Anímate! Comienza ya a planificar tus días. No dejes tus días en manos de las circunstancias. Dios te dio el privilegio de elegir qué hacer con tu vida.

### ¿Por qué es fundamental definir metas?

Las metas nos ayudan a priorizar y a concentrar nuestra energía en lo que realmente importa, nos brindan dirección y enfoque. Nos permite evaluar nuestros avances y ajustar el rumbo si es necesario.

El proceso de trabajar por una meta nos ayuda a desarrollar nuevas habilidades, superar obstáculos y fortalecer nuestra autoestima.

Una meta correctamente enunciada es aquella que cumple con unos requisitos mínimos, que podemos visualizar con el acróstico **M.E.T.A.S.**

| | |
|---|---|
| **M** | **edible:** Toda meta debe poder medirse a la hora de evaluar. Por ejemplo: Voy a bajar 10 libras para marzo, hoy es 1 de enero y peso 150 libras.<br><br>Cuando llegue a finales de marzo, evaluaré esta meta, me pesaré y podré comprobar si efectivamente bajé esas 10 libras o no. Esta meta está enunciada correctamente porque es medible. |
| **E** | **específica:** Toda meta debe estar enunciada lo más específicamente posible. Ejemplo: Voy a comprar un auto marca Toyota, modelo Corolla, azul, cuatro puertas, año…. Esta meta es específica, pero todavía le falta agregar el factor tiempo para que pueda ser medible. |

| | |
|---|---|
| **T** | **Tiempo:** En toda meta no puede faltar el factor tiempo, de lo contrario no podremos medirla. La meta anterior quedaría así: Voy a comprar un auto marca Toyota, modelo corolla, azul, cuatro puertas, año……, en diciembre del próximo año. Cuando llegue diciembre, podré evaluar si logré realizar mi meta. |
| **A** | **Alcanzable:** Toda meta debe tener una cuota de realidad. Por ejemplo: Voy a bajar 20 libras en una semana… no es alcanzable, no es realista, tendré que modificarla. Toda meta debe tener también una cuota de esfuerzo, por ejemplo, si yo me propongo bajar media libra por semana, es una meta muy fácil, no tendré que esforzarme casi nada. Esa meta no sirve. Toda meta debe hacer que me esfuerce y que salga de mi zona de comodidad; si no, no tiene mérito. |
| **S** | **Significado:** Toda meta debe responder al propósito de tu vida, debe girar alrededor de tus intereses, habilidades, talentos, o sea, debe tener significado para ti. Por ejemplo: Si te encuentras cursando tercer año de la carrera de odontología, la cual lleva mucho estudio y luego de graduarte requiere educación continua, no te pongas como meta comenzar la carrera de abogacía simultáneamente. No solo no tiene mucho significado para ti porque no está alineada con tus intereses y a lo que haces en la actualidad, sino que no es realista, no será alcanzable. Tendrás que reenfocar esa meta. |

> **El hombre planea su futuro, pero Dios le marca el rumbo."**
>
> Proverbios 16:9
> (TLA)

Revisa y ajusta tus metas periódicamente. La vida cambia y tus prioridades también pueden cambiar. No temas modificar tus metas si es necesario.

Celebra tus logros. Reconoce cada avance, por pequeño que sea. Esto te motivará a seguir adelante.

Planifica, establece metas con sentido y trabaja cada día por alcanzarlas. El proceso de perseguir tus sueños te transformará, te hará más fuerte y te acercará a la vida que deseas construir.

Una meta bien formulada te impulsa a la acción, te motiva y te ayuda a avanzar hacia el futuro que deseas. ¡Comienza hoy a construir tus metas y da el primer paso hacia una vida plena y significativa!

## Para reflexionar:

¿Qué significa cada letra del acrónimo METAS?

M _____

E _____

T _____

A _____

S _____

## ¿Qué es importante?:

Reflexiona sobre tus intereses y valores: Pregúntate, ¿qué es importante para ti y qué te gustaría lograr en los próximos meses o años?

_____
_____
_____
_____
_____
_____
_____
_____
_____
_____
_____
_____
_____
_____
_____
_____
_____
_____
_____
_____
_____
_____

"TODO PROGRESO SE LLEVA A CABO FUERA DE LA ZONA DE CONFORT"

MICHAEL JOHN BOBAK

# 04

## DIVIDE Y SUBDIVIDE

*"Poco a poco, día a día, podemos conseguir cualquier meta que nos pongamos a nosotros mismos."*

Karen Casey

### El poder de dividir las metas

Uno de los mayores obstáculos al momento de proponernos una meta es sentir que el objetivo es tan grande que resulta inalcanzable. Sin embargo, el secreto está en dividir esa gran meta en pequeños pasos, en objetivos específicos y manejables. Así, cada avance se convierte en un logro alcanzable y medible, lo que mantiene alta la motivación y la confianza en uno mismo.

## ¿Por qué dividir las metas?

Porque:
- Ver pequeños objetivos disminuye la sensación de agobio.
- Cada pequeño logro refuerza la confianza y el deseo de continuar.
- Permite medir el progreso de manera más frecuente y ajustar la estrategia si es necesario.
- Celebrar pequeños éxitos ayuda a mantener la motivación a lo largo del proceso.
- Evitas la procrastinación: al tener tareas pequeñas y claras, es más difícil posponerlas.
- Generas hábitos positivos: La repetición de pequeñas acciones diarias o semanales crea rutinas que te acercan a tu meta.
- Te adaptas mejor a los cambios: Si surge un imprevisto, es más sencillo ajustar una tarea semanal que toda la meta general.
- Mejoras tu autoestima: Cada pequeño logro te demuestra que eres capaz de avanzar y cumplir lo que te propones.

## De la meta anual a la acción semanal

Supongamos que te propones una Meta anual: Para diciembre del próximo año quiero haber leído 12 libros.

- ¿Cómo lo conviertes en algo alcanzable?
- Meta mensual: Cada mes debo leer un libro.
- Meta semanal: Si un libro tiene aproximadamente 300 páginas, debes leer unas 75 páginas por semana, lo que equivale a unas 11 páginas por día.

Este mismo método se puede aplicar a cualquier meta. Por ejemplo, si deseas ahorrar $100 en 10 meses:

- Meta: Ahorrar $100 en 10 meses.
- Meta mensual: Ahorrar $10 por mes.
- Meta semanal: Ahorrar $2.50 por semana.

> **"En esta vida todo tiene su momento; hay un tiempo para todo."**
>
> Eclesiastes 3.1
> (TLA)

Al dividir así tus metas, el objetivo deja de parecer lejano o imposible. Cada semana, con solo ahorrar una pequeña cantidad, te acercas a tu meta sin sentir que tienes que hacer un sacrificio enorme.

## Metas a corto, mediano y largo plazo

Las metas pueden clasificarse según el tiempo que requieren para alcanzarse:
- Corto plazo: Metas que puedes lograr en días o semanas.
- Mediano plazo: Objetivos que requieren varios meses.
- Largo plazo: Aquellos que pueden tomar un año o más.

Es importante entender que una misma meta puede representar diferentes plazos para distintas personas, dependiendo de sus circunstancias y recursos. Por ejemplo, viajar a Israel puede ser una meta a largo plazo para alguien que necesita ahorrar durante tres años, pero para un empresario con recursos, puede ser una meta a corto plazo que se logra en cuestión de semanas.

**Ejemplos:**
- o Meta a corto plazo: Terminar de leer un libro este mes.
- o Meta a mediano plazo: Completar un curso de idiomas en seis meses.
- o Meta a largo plazo: Obtener un título universitario en cinco años.

## Consejos para mantenerte en camino

Visualiza tu meta: Imagina cómo te sentirás al lograrla y usa esa imagen como motivación.

Comparte tus metas con alguien de confianza que pueda animarte y ayudarte a rendir cuentas.

Sé flexible: Si un plan no funciona, ajusta el camino sin perder de vista el objetivo final. Y por último, celebra el proceso.

Dividir y subdividir tus metas no solo las hace más alcanzables, sino que te permite disfrutar del proceso y aprender en el camino. Recuerda, el éxito no es solo el destino, sino cada paso que das hacia él. Cada pequeño objetivo cumplido es una victoria que te acerca a la realización de tus sueños. No subestimes el poder de los pequeños pasos. Así como una gran montaña se escala paso a paso, cualquier meta, por grande que sea, se alcanza dividiéndola en partes manejables y avanzando con constancia y determinación

(Canfield, 2005).

¡Empieza hoy mismo a dividir tus metas y verás cómo lo que parecía imposible se vuelve posible!

## Para reflexionar:

Te invito a poner en práctica esta estrategia. ~Toma una meta anual importante para ti y divídela en metas mensuales y semanales:

Meta anual:
(Por ejemplo: "Quiero ahorrar $600 para fin de año.")

_____

_____

_____

_____

Meta mensual:
(Ahorrar $50 cada mes.)

_____

_____

_____

_____

Meta semanal:
(Ahorrar $12.50 cada semana.)

_____

_____

_____

~De igual modo, piensa en una meta a corto, mediano y largo plazo en tu vida:

Meta a corto plazo:
(Por ejemplo: "Organizar mi espacio de estudio esta semana.")

_____

_____

_____

_____

_____

Meta a mediano plazo:
(Por ejemplo: "Terminar un curso online en tres meses.")

_____

_____

_____

_____

_____

Meta a largo plazo:
(Por ejemplo: "Comprar mi propio departamento en cinco años.")

_____

_____

_____

_____

_____

"SI ESTABLECES TUS METAS RIDÍCULAMENTE ALTAS Y ES UN FRACASO, VAS A FRACASAR POR ENCIMA DEL ÉXITO DE TODOS LOS DEMÁS."

JAMES CAMERON

# 05

## OBSTÁCULOS Y OPCIONES

*"Los obstáculos no te pueden parar. Los problemas no te pueden parar. Lo más importante: la gente no te puede parar. Solo tú te puedes parar."*

*Jeffrey Gitomer*

En el proceso de perseguir nuestras metas, es inevitable encontrarse con obstáculos. Estos pueden tomar muchas formas: situaciones inesperadas, dificultades personales, problemas económicos, falta de apoyo o incluso nuestras propias dudas y miedos. Sin embargo, es fundamental entender que los obstáculos no son el final del camino, sino parte natural del proceso de crecimiento y superación personal.

A veces, las circunstancias parecen tan adversas que sentimos que no hay salida. El ánimo decae, la motivación se apaga y la meta parece inalcanzable. Pero lo más importante en esos momentos es recordar que siempre existen opciones. Por cada obstáculo, hay más de una solución posible. La clave está en mantener la calma, buscar alternativas y no rendirse ante la primera dificultad.

"Cuando te enfrentas a un obstáculo, no te detengas a lamentarte ni a buscar culpables. En lugar de eso, enfócate en las posibles soluciones y en las acciones que puedes tomar para avanzar. La clave está en cambiar tu perspectiva y ver cada dificultad como una oportunidad para crecer y aprender" (Miedaner, 2002). No sobredimensiones los obstáculos, son simplemente rampas para que despegues.

## El valor de las opciones

Frente a cada obstáculo, nuestra actitud y creatividad juegan un papel fundamental. No podemos controlar todo lo que ocurre a nuestro alrededor, pero sí podemos elegir cómo reaccionar. Las opciones pueden ser caminos alternativos, nuevas estrategias, pedir ayuda o incluso redefinir la meta para adaptarla a la nueva realidad.

La vida está llena de desafíos, pero también de oportunidades para aprender y crecer. Cuando un camino se cierra, otro puede abrirse si estamos dispuestos a buscarlo. La resiliencia, la flexibilidad y la capacidad de adaptación son habilidades que se fortalecen cada vez que enfrentamos y superamos un obstáculo.

Para que tu plan de vida resista las dificultades, es esencial que esté alineado con tu propósito, tus valores, tus habilidades y tus talentos. Cuando una meta está conectada con lo que realmente te importa, es más fácil encontrar la motivación para superar cualquier obstáculo. Por eso, antes de definir tus metas, dedica tiempo a reflexionar sobre tus valores y lo que le da sentido a tu vida.

Un plan de vida bien diseñado debe incluir:

- Tu propósito personal

- Tus valores y principios

- Tus habilidades y talentos

- Tus intereses y pasiones

- Metas claras y correctamente enunciadas

- Objetivos a corto, mediano y largo plazo

- Posibles obstáculos y opciones para superarlos

## Flexibilidad

No existe una única forma correcta de dividir tus metas. Puedes establecer objetivos diarios, semanales, mensuales, trimestrales o anuales, según lo que mejor se adapte a tu ritmo y circunstancias. Lo importante es evaluar tu progreso periódicamente y estar dispuesto a ajustar el plan cuando sea necesario. Recuerda: tú eres el diseñador de tu propio camino.

## Enemigos de tus metas

A lo largo del camino, existen actitudes, pensamientos y acciones que pueden sabotear tus metas y tu propósito de vida. Identificarlos es el primer paso para superarlos:

- Inacción: no hacer ningún esfuerzo por avanzar hacia tus metas es el mayor obstáculo de todos.

- Falta de disciplina: la procrastinación, que es la tendencia a postergar tareas, puede estáncarte indefinidamente.

- Falta de constancia: empezar con entusiasmo, pero luego abandonarlo ante la primera dificultad.

- Entorno negativo: cuando te rodeas de personas que te desenfocan o desmotivan, puede alejarte de tus objetivos.

- No revisar tus metas periódicamente: si no las lees y las recuerdas, será fácil perder el rumbo.

- Falta de automotivación: no buscar inspiración ni adquirir nuevos conocimientos sobre el tema de tu meta.

> **" Siempre que hagas planes, sigue los buenos consejos; nunca vayas a la guerra sin un buen plan de batalla."**
>
> Proverbios 20.18 (TLA)

## Estrategias para superar obstáculos

Para cada obstáculo, existen varias opciones. Estos son algunos pasos prácticos para enfrentarlos:

+ Identifica el obstáculo con claridad.

+ Analiza las causas: si se encuentra dentro de mi círculo de influencia, o sea que yo puedo hacer algo para solucionarlo, o no depende de mí la solución.

+ Genera alternativas: piensa en al menos dos opciones para superar cada dificultad.

+ Pide consejos a otras personas que tengan experiencia en esa área.

+ Escribe ventajas y desventajas de cada opción.

+ Toma una decisión y ejecútala.

## Ejemplo Práctico

Supón que tu meta es terminar una carrera universitaria y te enfrentas a los siguientes obstáculos:

Obstáculo 1: Falta de tiempo por trabajo y responsabilidades familiares.

Opción 1: Organizar un horario semanal y reservar bloques fijos para el estudio.

Opción 2: Tomar menos materias por semestre para equilibrar las cargas.

## Resumiendo

Para cada obstáculo hay más de una opción. La clave está en no rendirse ante la primera dificultad, sino en buscar alternativas y mantener la mente abierta. Cada desafío superado fortalece tu carácter y te acerca más a tu objetivo.

## Resiliencia

La resiliencia es la capacidad de adaptarse y salir fortalecido de las dificultades. No se trata de evitar los problemas, sino de aprender de ellos y seguir adelante, porque cada obstáculo superado te hará más fuerte y preparado para los desafíos futuros.

Los obstáculos forman parte del camino hacia cualquier meta significativa. Lo importante no es evitarlos, sino aprender a enfrentarlos con creatividad, flexibilidad y perseverancia. Recuerda: solo tú puedes detenerte. Mantén tu propósito claro, busca opciones ante cada dificultad y sigue avanzando. Así, nada te apartará del camino a tus sueños.

## Para reflexionar:

Enumera tres obstáculos que podrías encontrar al trabajar en una meta actual y al menos dos opciones para superarlos:

Obstáculos:

_____
_____
_____
_____
_____
_____
_____
_____
_____
_____
_____

Opciones

_____
_____
_____
_____
_____
_____
_____
_____
_____
_____

"SIEMPRE PARECE IMPOSIBLE HASTA QUE SE HACE."

NELSON MANDELA

# 06

# DISCIPLINA

*"La disciplina es lo que lleva tu meta del papel a la realidad."*

*Valeria Ferreyra*

## ¿Qué es la disciplina?

La disciplina es la capacidad de mantener un esfuerzo constante y sostenido hacia un objetivo, incluso cuando surgen distracciones, dificultades, tentaciones o momentos de baja motivación. Es la fuerza interna que nos impulsa a hacer lo correcto en el momento adecuado, aunque no tengamos ganas o el entorno no sea favorable. La disciplina implica autocontrol, perseverancia y la habilidad de postergar gratificaciones inmediatas en favor de logros más significativos a largo plazo.

"La autodisciplina es la capacidad de hacer lo que sabes que debes hacer, incluso cuando no tienes ganas de hacerlo" (Covey, 2004, p. 45).

No se trata solo de fuerza de voluntad momentánea, sino de construir hábitos y rutinas que nos acerquen cada día a nuestras metas. La disciplina convierte los sueños y los planes en acciones concretas, y esas acciones, repetidas en el tiempo, se transforman en resultados reales.

## ¿Por qué es importante la disciplina para alcanzar las metas?

La disciplina es el puente entre el deseo y el logro. Puedes tener metas claras, motivación y planes detallados, pero sin disciplina, todo quedará en buenas intenciones. Es la disciplina la que te permite avanzar cuando tu motivación flaquea, cuando surgen obstáculos o cuando el cansancio y las dudas aparecen.

La disciplina es la habilidad de mantener el esfuerzo y la constancia en la búsqueda de un objetivo, incluso cuando no hay motivación o surgen dificultades; te obliga a actuar, aunque no tengas ganas.

La disciplina transforma la intención en acción, porque sostiene el progreso diario y permite alcanzar metas a largo plazo, superando la tentación de rendirse o procrastinar.

Desarrolla paciencia y resistencia para aprender a soportar la incomodidad y a mantener el esfuerzo a largo plazo.

Crece en responsabilidad porque eso te hace dueño de tus decisiones y de tu progreso.

Suma pequeños logros. Ten en cuenta que el éxito no es un acto único, sino la suma de pequeñas acciones disciplinadas repetidas cada día.

El éxito es un proceso acumulativo y constante. No se trata de grandes hazañas esporádicas, sino de pequeños pasos dados con regularidad. La disciplina te ayuda a que esos pasos se den, día tras día, hasta transformar tus metas en hechos.

## Disciplina en las áreas de la vida

La vida es integral y, como enseña la Biblia, somos espíritu, alma y cuerpo. Por eso, la disciplina debe aplicarse en todas las áreas, no solo en una. Descuidar un área puede afectar el equilibrio y el bienestar general. Aquí tienes nueve áreas clave en las que puedes empezar a trabajar la disciplina y fijar metas:

1. **Espiritual**: tu relación con Dios, tu fe y tus prácticas espirituales.
2. **Almática**: tu mundo emocional y psicológico.
3. **Física**: tu salud, alimentación, ejercicio y cuidado corporal.
4. **Matrimonial**: la relación con tu pareja, la comunicación y el crecimiento conjunto.
5. **Paternal**: tu rol como padre o madre, la crianza y el acompañamiento de tus hijos.
6. **Laboral/profesional**: tu desempeño en el trabajo, desarrollo de habilidades y carrera.
7. **Recreacional**: el tiempo para el ocio, el descanso, las vacaciones y las actividades que disfrutas.
8. **Social**: tus relaciones con amigos, familiares y la comunidad.
9. **Financiera**: la administración de tus recursos, ahorro, inversiones y gastos.

Si trabajas en ser disciplinado en cada una de estas áreas, te permitirá lograr un desarrollo personal integral y sostenible.

El famoso experimento del malvavisco, del conocido psicólogo Walter Mischel, estudia la capacidad de retrasar la gratificación. Este experimento ha sido fundamental para entender cómo la disciplina y el autocontrol influyen en el éxito personal y en la formación de hábitos positivos (Mischel, 2014). Este experimento demuestra la importancia de autodisciplinarse posponiendo la recompensa para disfrutar luego de los beneficios de entender cómo la disciplina y el autocontrol influyen en el éxito personal y en la formación de hábitos positivos.

Escanea: experimento del malvavisco.

Piensa en aquellas áreas donde sueles abandonar antes de tiempo, donde la falta de constancia te ha impedido avanzar o donde te cuesta establecer hábitos saludables. Puede ser la alimentación, el ejercicio, el manejo del dinero, la vida espiritual o las relaciones personales, etc. Identifica una o dos áreas prioritarias y comprométete a trabajar en ellas.

Define una meta en cada una de las 9 áreas sugeridas en la página anterior.

Aquí tienes ejemplos de cómo podrías establecer metas en cada área:

**Espiritual**: Voy a dedicar 10 minutos diarios a la oración o meditación, desde las 8am hasta las 10 am, el lugar será mi escritorio, comenzaré mañana.

**Almática**: Voy a leer un libro de desarrollo personal cada dos meses para fortalecer mi mente y emociones (escribe el título del libro con el que comenzarás, establece un horario, lugar y cuánto tiempo o capítulos leerás por día).

**Física**: Voy a realizar actividad física al menos 30 minutos, cinco veces por semana (determina lugar, hora, especifica qué actividad física y fecha de comienzo).

**Paternal**: Voy a compartir una actividad significativa con mis hijos cada semana, como, por ejemplo, leer juntos o salir a pasear (determinar qué día, a qué hora, qué actividad).

**Matrimonial**: Voy a tener una cita con mi pareja una vez por semana para que se fortalezca la relación (especifica día, hora y lugar).

**Laboral/profesional**: Voy a aprender una nueva habilidad profesional cada trimestre mediante cursos o talleres (haz una lista de posibles cursos y determina por cuál vas a comenzar).

**Recreacional**: Voy a dedicar al menos una tarde al mes a una actividad recreativa que disfrute, como pintar, tocar un instrumento o practicar un deporte (especifica qué día del mes y qué actividad).

**Social**: Voy a reunirme con amigos al menos una vez al mes (determina que día, hora, que amigo y qué actividad)

**Financiera**: Voy a ahorrar el 10% de mis ingresos mensuales para un fondo de emergencia o inversión (especifica en cuál cuenta bancaria ahorrarás o dónde pondrás ese dinero, durante cuánto tiempo y cuándo comenzarás).

> **"El hombre propone, y Dios dispone."**
>
> Proverbios 19:21 (TLA)

No te desanimes si un día lo haces bien y al siguiente no, el próximo día comienza de nuevo como si no hubieras fallado. No somos máquinas. Seamos compasivos y pacientes con nosotros mismos; eso demuestra cuánto nos amamos. Seguimos adelante siempre. ¡Dios está de nuestro lado; Él nos ayudará a avanzar!

# Estrategias para fortalecer la disciplina

**Establece rutinas**: los hábitos diarios ayudan a automatizar el esfuerzo y reducen la tentación de procrastinar.

**Elimina distracciones**: identifica lo que te aleja de tus metas y pon límites claros.

**Celebra los pequeños logros**: mirar el progreso te motiva a seguir adelante.

**Busca apoyo**: comparte tus metas con alguien que te anime y te ayude a rendir cuentas.

**Sé flexible pero constante**: si llegas a fallar un día, retoma al siguiente sin culparte.

**Visualiza el resultado**: recuerda el propósito de tu meta y cómo te sentirás al alcanzarla.

La disciplina es el ingrediente principal que transforma tus sueños en logros reales. No es fácil implementarla día a día, pero es posible y vale la pena. Cada día que eliges actuar con disciplina, te acercas un paso más a la vida que deseas.

**Recuerda**: el éxito no es cuestión de suerte, sino de constancia y esfuerzo diario. Decide hoy en qué áreas vas a trabajar tu disciplina y comienza a construir, paso a paso, la mejor versión de ti mismo.

## Para reflexionar:

¿Qué es la disciplina y por qué es importante para alcanzar las metas?

_____

_____

¿Qué áreas de tu vida consideras que necesitan más disciplina y por qué?

_____

_____

_____

Define una meta en cada una de las 9 áreas sugeridas en el capítulo:

Espiritual: _____

_____

_____

_____

Almática: _____

_____

_____

_____

_____

Física: _____

_____

_____

_____

_____

Continúa con una meta en cada una de las 6 áreas restantes:

Matrimonial: _____
_____
_____
_____

Paternal: _____
_____
_____
_____

Laboral: _____
_____
_____
_____

Recreacional: _____
_____
_____
_____

Social: _____
_____
_____
_____

Financiera: _____
_____
_____
_____

# "ESTABLECER METAS ES EL PRIMER PASO PARA CONVERTIR LO INVISIBLE EN VISIBLE"

TONY ROBBINS

# 07

## OPINIONES DE PSICÓLOGOS

*"La única cosa que se mantiene entre tú y tu meta es la historia que sigues contándote sobre por qué no puedes conseguirla."*

*Jordan Belfort*

La elaboración de metas ha sido un asunto crucial en la psicología del desarrollo personal y profesional. Muchos psicólogos han investigado cómo los objetivos claros y alineados con los valores personales pueden potenciar la motivación, el bienestar y el rendimiento.

Quiero mostrarte los puntos de vista de algunos de los

autores más influyentes en esta área, que están apoyados por teorías y referencias académicas muy reconocidas.

### Edwin Locke y la Teoría de Fijación de Metas

La Teoría de Fijación de Metas ("Goal Setting Theory") fue desarrollada por Edwin Locke en colaboración con Gary Latham. Locke sostiene que si se establecen objetivos concretos y desafiantes, además de ofrecer retroalimentación sobre el progreso, se mejora notablemente el rendimiento en varias áreas. Sus investigaciones indican que los individuos que establecen metas claras y desafiantes suelen obtener resultados más satisfactorios que aquellos que no lo hacen o fijan objetivos poco definidos. Según la teoría de Locke, los objetivos funcionan como una fuente de motivación intrínseca, que enfoca la atención, estimula el esfuerzo y promueve la perseverancia.

"Las metas específicas y difíciles, con retroalimentación adecuada, conducen a un mayor rendimiento que las metas fáciles o vagas" (Locke & Latham, 2002).

### Albert Bandura y la Autoeficacia

Albert Bandura, el creador de la Teoría del Aprendizaje Social, argumenta que cuando se establecen metas, la motivación aumenta porque se percibe una autoeficacia; es decir, se confía en la propia habilidad para lograr un objetivo. De acuerdo con Bandura, las personas que poseen una elevada autoeficacia tienden a establecer objetivos más ambiciosos y a perseverar más frente a los obstáculos, lo cual aumenta las posibilidades de triunfar. Su enfoque ha sido fundamental en la intervención clínica y en la psicología educativa (Bandura, 1997).

### Mihaly Csikszentmihalyi y la Teoría del Flujo

Mihaly Csikszentmihalyi, un psicólogo nacido en Fiume, Reino de Italia, hoy Croacia; propuso la Teoría del Flujo, en la que resalta lo importante que es contar con metas que motiven intrínsecamente. El término "flujo" se refiere a un estado de satisfacción y concentración profunda que se presenta cuando un individuo participa en tareas exigentes pero factibles, con metas bien definidas y una retroalimentación instantánea.

Csikszentmihalyi demostró que la gente que busca metas acordes a sus capacidades e intereses experimenta más felicidad y satisfacción en su vida. (Csikszentmihalyi, 1990).

## Martin Seligman y la Psicología Positiva

Martin Seligman, precursor de la psicología positiva, destaca que es esencial tener un propósito y fijar metas que concuerden con los valores individuales. Según Seligman, el bienestar verdadero no solamente se basa en las emociones positivas, sino también en la búsqueda de sentido y la realización de metas significativas.

Su modelo PERMA (en inglés, Positive Emotions, Engagement, Relationships, Meaning y Accomplishment): Las Emociones Positivas, Compromiso, Relaciones, Significado y Logros; combina estos cinco pilares, destacando que lograr metas significativas es un elemento fundamental para el bienestar integral.

"La vida plena se construye sobre metas alineadas con los valores y el propósito personal" (Seligman, 2011).

> " Si alguno de ustedes quiere construir una torre, ¿qué es lo primero que hace? Pues se sienta a pensar cuánto va a costarle, para ver si tiene suficiente dinero."
>
> Lucas 14.28
> (TLA)

### Carol Dweck y la Mentalidad de Crecimiento

El efecto de la "mentalidad de crecimiento" en la realización de metas fue estudiado por la psicóloga Carol Dweck. Ella demostró que los individuos con una mentalidad de crecimiento, es decir, aquellos que piensan que sus capacidades pueden desarrollarse a través del aprendizaje y el esfuerzo, establecen objetivos más ambiciosos, mantienen la persistencia ante las adversidades y consideran los errores como oportunidades para mejorar. Esto contrasta con la "mentalidad fija", en la que los fracasos se ven como barreras infranqueables. (Dweck, 2006).

### Robert Cialdini y la Persuasión

Robert Cialdini, famoso por su labor de persuasión, ha resaltado además la importancia de las metas en lo que concierne a la motivación y al logro de objetivos. Cialdini sostiene que, debido a la presión social y al anhelo de coherencia personal, el compromiso público con un objetivo o compartirlo con otras personas incrementa las posibilidades de alcanzarlo. (Cialdini, 2001).

## Otras teorías relevantes

La importancia de las metas individuales para lograr el bienestar y un desarrollo integral también es destacada por teorías como la autodeterminación de Deci y Ryan o la autorrealización de Abraham Maslow (Deci & Ryan, 2000). Maslow ubica la autorrealización en la cúspide de su pirámide de necesidades. Por su parte, la autodeterminación resalta que los elementos esenciales para la motivación intrínseca son la autonomía, la competencia y las relaciones interpersonales. (Maslow, 1943).

## Síntesis de aportes académicos

Las investigaciones académicas concluyen en que:

* Tener metas claras y alineadas con los valores personales ayuda a desarrollar la motivación, la perseverancia y el bienestar general.

* La práctica de fijar y seguir metas contribuye al desarrollo de capacidades como la resiliencia, el autoconocimiento y la autorregulación.

* La satisfacción a nivel personal y laboral se incrementa cuando las metas tienen un significado importante y son intrínsecamente motivadoras.

* Las teorías del desarrollo personal brindan un marco conceptual que facilita a los individuos la reflexión sobre sí mismos, el reconocimiento de sus fortalezas y debilidades, y la elaboración de tácticas efectivas para el cambio y el crecimiento.

### Para reflexionar

¿Cómo contribuye el enfoque de la psicología positiva de Martin Seligman a la importancia de tener metas alineadas con los valores personales?

_____
_____
_____
_____
_____
_____
_____
_____

# "UNA META SIN UN PLAN ES SOLO UN DESEO."

ANTOINE DE SAINT-EXUPÉRY

# 08

# HOMBRES DE LA BIBLIA CON METAS

*"Olvidando lo que queda atrás y esforzándome por alcanzar lo que está adelante, prosigo a la meta para obtener el premio del supremo llamamiento de Dios en Cristo Jesús."*
*Filipenses 3:13-14*

En toda la Biblia, encontramos ejemplos de hombres y mujeres que vivieron con un propósito claro y metas definidas. Estos héroes no solo tuvieron sueños, sino que también enfrentaron desafíos, adversidades y tiempos de espera, y se mantuvieron firmes en sus objetivos. Sus historias no solo inspiran, sino que también nos enseñan principios valiosos sobre la perseverancia, la fe y la importancia de tener metas alineadas con los valores y el propósito divino.

### Pablo:

Después de su conversión en el camino a Damasco (Hechos 9), Pablo tuvo como propósito principal extender el evangelio a los gentiles y fundar iglesias en todo el mundo conocido. Su vida estuvo marcada por una pasión inquebrantable por este objetivo, a pesar de sufrir persecución, encarcelamientos, naufragios y rechazo. Pablo perseveró en su enfoque; además, escribió gran parte del Nuevo Testamento, dejando un legado espiritual y literario que aún impacta y educa a millones de cristianos en el mundo. Su ejemplo nos muestra cómo una meta clara puede sostenernos incluso en las circunstancias más adversas.

### Jesús:

Jesús es nuestro mejor prototipo; él tenía la meta suprema de redimir a la humanidad.

La vida de Jesús es el máximo ejemplo de vivir con un objetivo trascendente. Su misión fue salvar a la humanidad y, para ello, dejó su gloria y se hizo hombre, experimentando todas las etapas de la vida humana. Jesús esperó 33 años para cumplir su propósito, mostrando paciencia y obediencia. Desde niño manifestó conciencia de su llamado (Lucas 2:49), por eso cada enseñanza, milagro y acción estuvo orientada a la redención. Y a pesar de la incomprensión, el rechazo y el sufrimiento, Jesús nunca perdió de vista su meta: que fue ofrecer su vida por amor y abrir el camino de la salvación.

### Moisés:

Recibió la misión de liberar al pueblo de Israel de la esclavitud en Egipto y conducirlo hacia la Tierra Prometida (Éxodo 3-4). Al principio se sintió incapaz, pero Dios le ayudó a encontrar una meta clara y dedicó su vida a cumplirla. Enfrentó desafíos como la incredulidad del pueblo, la oposición de Faraón y las dificultades del desierto, pero su perseverancia y búsqueda de la guía divina le permitieron liderar a Israel en una de las mayores hazañas de la historia bíblica.

### José:

Desde joven, José tuvo sueños que auguraban un futuro de liderazgo. A pesar de ser vendido por sus hermanos, esclavizado y encarcelado injustamente, José mantuvo su integridad y confianza en Dios (Génesis 37-50). Su meta fue permanecer fiel y aprovechar cada oportunidad para servir. Gracias a su visión y sabiduría, llegó a ser gobernador de Egipto y salvó a su familia y a muchas personas del hambre. Fue un claro ejemplo de cómo una meta, guiada por valores, puede sostenernos en tiempos difíciles y llevarnos a cumplir un propósito mayor.

> "
> Todo lo que hagan, háganlo de buena gana, como si estuvieran sirviendo al Señor Jesucristo y no a la gente."
>
> Colosenses 3.23
> (TLA)

### Nehemías:

Nehemías tuvo como meta reconstruir los muros de Jerusalén y restaurar la dignidad de su pueblo (Nehemías 2-6). A pesar de la oposición, la crítica, la burla y el peligro, Nehemías mostró liderazgo, determinación y fe. Movilizó a la comunidad, organizó el trabajo y logró completar la obra en tiempo récord. Su frase "Tengo una gran obra para hacer, no tengo tiempo para eso…" refleja su enfoque y capacidad para priorizar lo importante ante las distracciones.

### David:

Como rey de Israel, su propósito era establecer un reino que honrara a Dios. Aunque su deseo era construir el templo, Dios le dijo que esa tarea sería para su hijo Salomón (2 Samuel 7). Sin embargo, David preparó los materiales y organizó los recursos para ese fin. Su vida estuvo marcada por la alabanza y la devoción y nos muestra cómo una meta puede trascender la propia vida y beneficiar a futuras generaciones.

### Salomón:

Heredó de su padre David el objetivo de construir el Templo de Jerusalén (1 Reyes 5:5). Este proyecto monumental fue la culminación de años de preparación y simbolizó el deseo de Israel de tener un lugar central para adorar a Dios. Salomón dedicó su sabiduría y recursos a cumplir esta meta, dejando un legado espiritual y arquitectónico que marcó la historia de su pueblo.

### Samuel:

Como profeta, su meta fue ser portavoz de Dios y guiar espiritualmente a Israel, aun en tiempos de gran corrupción sacerdotal; Samuel se mantuvo fiel al proyecto de Dios para su vida. Además, fue el juez/profeta quien ungió a los primeros reyes de la historia del pueblo de Israel.

### Elías:

Buscó restaurar la verdadera adoración a Dios en tiempos de idolatría. Persiguió sus metas en medio de muchas dificultades. Incluso para lograrlo tuvo que enfrentar al poder político de su tiempo, como también a la avasallante y temible amenaza de la reina Jezabel. Y enfrentando sus propias debilidades y miedos, finalmente se mantuvo firme al propósito divino.

### Daniel:

Su objetivo fue permanecer fiel a Dios en Babilonia, resistiendo la presión de una cultura ajena. Estaba exiliado y le habían propuesto claudicar tanto su fe como sus buenas y sanas costumbres, pero Daniel decidió permanecer fiel a Dios, haciendo de eso una meta constante en su vida.

### Juan el Bautista:

Su propósito fue preparar el camino para la venida de Jesús, llamando al arrepentimiento y a la conversión. Su fidelidad al propósito divino le ocasionó enemigos que buscaron callarlo, e incluso, finalmente lo decapitaron.

Estas historias muestran que, sin importar las circunstancias, es posible fijarse metas, actuar con propósito y dejar una huella significativa. Cada uno de estos hombres, aun con sus errores, nos hace reflexionar sobre nuestras propias metas, la importancia de la fe, la perseverancia y el servicio a los demás.

¡Si ellos pudieron, tú también podrás!

## Para reflexionar:

¿Qué puedes aprender de ellos?

_____

_____

_____

_____

_____

_____

_____

_____

"EL ÉXITO NO SE MIDE POR LA POSICIÓN QUE HAS ALCANZADO, SINO POR LOS OBSTÁCULOS QUE HAS SUPERADO PARA LOGRAR TUS METAS."

BOOKER T. WASHINGTON

# 09

# MUJERES DE LA BIBLIA CON METAS

*"El camino hacia tus metas puede ser difícil, pero cada paso te lleva más cerca."*

La Biblia también está llena de relatos de mujeres que, en medio de culturas y épocas difíciles, supieron fijarse metas claras, actuar con valentía y fe y nos dejaron un legado duradero. Sus historias nos muestran que fueron protagonistas de grandes logros y que fueron guiadas por metas personales, familiares y espirituales. Veamos de forma resumida la vida de algunas de ellas, que modelaron una vida llena de éxito y metas alcanzadas:

## Ana

Ella tenía un deseo profundo en su corazón, ser madre. Y lo convirtió en su meta prometiendo dedicar a su futuro hijo a Dios. A pesar de años de esterilidad y sufrimiento, no perdió la esperanza. Oró con fervor y, cuando Dios le concedió a Samuel (su hijo), cumplió su promesa (1 Samuel 1-2). Ana nos enseña la importancia de la perseverancia, la fe y la integridad para cumplir sus promesas.

## Rut

Decidió permanecer junto a su suegra Noemí, renunciando a su tierra, su cultura y su familia para seguir al Dios de Israel. Su meta fue ser fiel y construir una nueva vida en un lugar extraño para ella, en Israel. La historia de Rut es un ejemplo de lealtad, valentía para adaptarse al cambio y confianza en un propósito mayor. Rut, de esta manera, se convirtió en antepasada del rey David y, por ende, de Jesús.

## Ester

Alcanzó el trono de Persia en circunstancias extraordinarias. Cuando su pueblo estuvo en peligro, ella arriesgó su vida para interceder ante el rey y evitar su exterminio (Ester 4:16). Su meta fue clara: salvar a su pueblo. Ester nos inspira a usar nuestra posición y recursos para el bien común, incluso cuando eso implica riesgos personales.

## María

Aceptó el llamado de Dios de concebir a Jesús, aun enfrentando la vergüenza y el rechazo en su comunidad (Lucas 1:38). Su meta fue obedecer y cooperar con el plan divino de traer al Hijo al mundo. María acompañó a su hijo durante su vida y ministerio, incluso hasta la cruz, con valentía y fidelidad en los momentos más difíciles (Juan 19:25). Incluso, luego de la resurrección, permaneció junto a los discípulos en oración, esperando la venida del Espíritu Santo (Hechos

1:14). María es ejemplo de humildad, confianza total en Dios y perseverancia en su propósito, aun cuando no entendía todo lo que sucedía.

### Débora

Fue una profetisa y jueza, líder en un tiempo de crisis para Israel. Su meta fue guiar al pueblo y enfrentar a los opresores cananeos. Inspiró a Barac y al pueblo a luchar con valentía y fe (Jueces 4-5). Débora demuestra que las mujeres, al igual que los hombres, pueden liderar en lo espiritual y en lo estratégico, siendo agentes de cambio en tiempos difíciles.

### Abigail

Supo intervenir con inteligencia y humildad para evitar un conflicto sangriento entre su esposo Nabal y David (1 Samuel 25). Su meta fue salvar a su familia y evitar la violencia. Su ejemplo resalta el valor de la sabiduría, la diplomacia y la capacidad de actuar con rapidez y justicia.

### La mujer virtuosa

Es la condensación de las características de una mujer que teme a Dios, como leemos en Proverbios 31, ella representa el ideal de una mujer que se propone ser excelente esposa, madre, administradora y empresaria. Su meta es cuidar de su familia, administrar los recursos y contribuir a la comunidad. Este modelo inspira a buscar la excelencia y el equilibrio en todas las áreas de nuestra vida.

> " Así que sigo adelante, hacia la meta, para llevarme el premio que Dios nos llama a recibir por medio de Jesucristo."
>
> Filipenses 3.14
> (TLA)

### La viuda de Sarepta

Durante una hambruna, la viuda de Sarepta tenía como meta personal sobrevivir junto a su hijo. Pero para obedecer a Dios, tuvo que modificarla para lograr un fin mejor, ya que recibió una provisión milagrosa al compartir su pan con el profeta Elías (1 Reyes 17:8-16). Su historia enseña que la fe y la generosidad pueden abrir puertas a lo imposible.

### La sunamita

Esta mujer mostró su gran generosidad al preparar una habitación para el profeta Eliseo. Su meta era servir y honrar a Dios a través de la hospitalidad. Como recompensa, recibió un hijo (ya que era estéril) y más tarde, su fe fue recompensada cuando Eliseo resucitó a su hijo (2 Reyes 4:8-37). La sunamita nos enseña sobre la importancia de la hospitalidad, la fe y la perseverancia.

### Priscila

Ella, junto a su esposo Aquila, tuvo como propósito enseñar y apoyar a los primeros cristianos. Ayudó a instruir a Apolos, un predicador influyente, en la doctrina de Cristo (Hechos 18:24-26). Priscila es ejemplo de dedicación, servicio y liderazgo en la comunidad cristiana, mostrando que las mujeres pueden ser formadoras y mentoras.

### Noemí

Enfrentó la pérdida y el dolor al morir su esposo y sus dos jóvenes hijos. Pero su meta fue cuidar y guiar a su nuera Rut (viuda también) en una nueva vida en Israel. Su apoyo y sabiduría tuvieron un impacto duradero en la vida de Rut, en la historia de Israel y en la genealogía de Jesús (Rut 1-4). Noemí es ejemplo de resiliencia y generosidad en medio de la adversidad.

### Eunice y Loida

La madre y abuela de Timoteo, respectivamente, tuvieron el propósito de transmitir una fe sincera a la siguiente generación (2 Timoteo 1:5). Gracias a su ejemplo y enseñanza, Timoteo llegó a ser un líder importante en la iglesia. Ellas muestran el valor de la educación, la fe y el legado espiritual.

Estas historias nos muestran ¡cuán lejos se puede llegar teniendo metas correctas! Y que, sin importar las circunstancias, cuando tenemos metas actuamos con propósito y dejamos una huella significativa. Cada una de estas mujeres nos hace reflexionar sobre nuestras propias metas, la importancia de la fe, la perseverancia y el servicio a los demás.

¡Si ellas pudieron, tú también podrás!

## Para reflexionar:

¿Qué enseñanzas puedes rescatar de cada una de estas mujeres que puedan serte útiles?

_____
_____
_____
_____
_____
_____
_____
_____
_____
_____

# "SI TIENES UN SUEÑO, CONVIÉRTELO EN UNA META; LUEGO TRABAJA HASTA ALCANZARLO"

**ZIG ZIGLAR**

# 10

## EVALUANDO NUESTRAS METAS

*"Si haces lo que siempre has hecho,*
*conseguirás lo que siempre has conseguido."*
*Tony Robbins*

E s fundamental analizar el progreso de nuestras metas para el desarrollo personal y integral. Las metas nos proporcionan orientación y propósito, pero únicamente a través de una revisión constante podemos confirmar que estamos siguiendo la ruta adecuada. Sin una valoración, existe el peligro de desviarnos, de invertir tiempo en algo superficial o de no ajustarnos a las variables de la vida.

La Biblia nos enseña la importancia de reflexionar sobre nuestras acciones y planes. En Proverbios 16:9, leemos: "El corazón del hombre piensa su camino; mas Jehová endereza sus pasos." Esto nos recuerda que, aunque establezcamos metas, debemos constantemente evaluar si están alineadas con la voluntad de Dios.

Además, evaluar nuestras metas nos permite celebrar los avances. Es importante que aprendamos a festejar nuestros avances por más pequeños que sean, premiarnos con algo que nos guste. Evaluar nos permite también ajustar las estrategias y perseverar con renovada motivación. Así como un agricultor revisa su campo para asegurar una cosecha fructífera, también debemos examinar nuestras metas para garantizar que nuestras acciones reflejen nuestros verdaderos valores.

## Revisando mis metas

"Una vez que hayas anotado todas tus metas, el siguiente paso es activar los poderes creativos de tu mente subconsciente revisando tu lista dos o tres veces al día" (Canfield y Switzer, 2016). Este es el consejo que proponen los autores del libro: "Los principios del éxito". Pero confieso que yo no reviso mis metas con esa frecuencia, quizás si lo hiciera, tendría mejores resultados. Lo importante de cuál es la frecuencia para revisar tus metas sería la que fuera efectiva para mantenerte enfocado en ellas. Si para ti es suficiente una vez al mes, o una vez por semana o una vez al día, ¡perfecto! Siempre y cuando esa frecuencia te resulte efectiva para que no te olvides de en qué estás trabajando. Depende mucho de la cantidad de metas que tengas. Cuantas más tengas, más seguido tendrás que revisarlas, a menos que tengas una memoria privilegiada.

- Si no revisamos nuestras metas, podemos caer en la trampa de repetir acciones que no nos acercan a lo que realmente deseamos.

- Reconocer y festejar los avances, por pequeños que sean, es fundamental para mantener la motivación y el entusiasmo.
- La vida cambia constantemente; lo que funcionó en el pasado puede no ser efectivo ahora. Evaluar nos permite adaptar nuestros métodos y seguir progresando.
- Cada revisión es una oportunidad para identificar errores, aprender de ellos y crecer como personas.
- Las metas deben reflejar lo que realmente valoramos y no solo lo que los demás esperan de nosotros.

Mi porcentaje de logros anuales de mis metas es aproximadamente el 85%. Considero que es un porcentaje importante, el cual me hace sentir satisfecha y productiva al finalizar el año.

# El proceso de evaluación

## 1. Reflexión personal

Dedica un tiempo cada semana o mes para reflexionar sobre tus metas. Hazte preguntas como:

¿Estoy avanzando hacia mi objetivo?

¿Sigo motivado por esta meta?

¿Esta meta sigue siendo relevante para mi vida hoy?

## 2. Análisis de resultados

Observa los resultados obtenidos hasta el momento. No se trata solo de medir el éxito en términos cuantitativos, sino también cualitativos:

¿He crecido como persona?

¿Mis relaciones han mejorado?

¿Me siento más pleno y satisfecho?

### 3. Celebración de avances

Es fundamental reconocer los logros, incluso los más pequeños. Celebrar puede ser tan simple como darte un gusto, compartir tu éxito con alguien querido o escribirlo en un diario de gratitud. Este acto refuerza el hábito de avanzar y te motiva a seguir.

### 4. Ajuste de estrategias

Si notas que no estás avanzando como esperabas, analiza qué puedes cambiar. Tal vez necesitas una nueva estrategia, más recursos o incluso redefinir la meta. No tengas miedo de modificar el rumbo; la flexibilidad es clave para el crecimiento.

### 5. Reafirmación de valores

Vuelve a examinar si tus metas están alineadas con tus valores y creencias. Pregúntate:

¿Esta meta contribuye a mi bienestar integral?
¿Está en armonía con mi fe y mis principios?

## Obstáculos comunes al evaluar metas

**Miedo al fracaso**: A veces evitamos evaluar por temor a descubrir que no estamos avanzando. Sin embargo, el fracaso es solo una oportunidad de aprender y mejorar.

**Falta de tiempo**: La vida acelerada puede hacernos posponer la reflexión, pero dedicar unos minutos regularmente marcará una gran diferencia.

**Autoexigencia excesiva**: Es importante ser compasivos con nosotros mismos y reconocer que el progreso no es lineal, a veces subimos y a veces bajamos, ¡pero siempre continuamos hacia adelante!

## Herramientas para una evaluación efectiva

**Diario personal:** Escribir tus avances y desafíos te ayuda a clarificar pensamientos y emociones.

**Determina la frecuencia:** Establece cada cuánto revisarás tus metas.

**Pide opiniones:** Conversa con personas maduras y de confianza para que te ofrezcan una perspectiva objetiva.

**Oración y meditación:** Busca guía espiritual para discernir si tus metas están alineadas con la voluntad de Dios para ti.

> **Ningún proyecto prospera si no hay buena dirección; los proyectos que alcanzan el éxito son los que están bien dirigidos."**
>
> Proverbios 15:22
> (TLA)

## Beneficios de evaluar nuestras metas

- Al identificar áreas de mejora, te vuelves una mejor versión de ti mismo.
- Celebrar logros y ver avances concretos incrementa el entusiasmo.
- La evaluación constante ayuda a mantenerte enfocado en lo que realmente importa.
- Aprendes a adaptarte ante los cambios y a superar obstáculos con mayor facilidad.

Evaluar nuestras metas es un acto de sabiduría y humildad. Nos permite celebrar los logros, aprender de los errores y crecer en todas las dimensiones de nuestra vida. Recuerda que la revisión constante es el puente entre el deseo y la realización, entre el sueño y la realidad. Evaluar nos brinda la oportunidad de aprender y crecer.

>>> **Para reflexionar:** <<< ■ ■ ■ ■ ■ ■ ■ ■ ■ ■ ■ ■ ■ ■ ■

¿Por qué es importante evaluar nuestras metas?

_____
_____
_____
_____
_____

¿Qué significaría para ti "celebrar tus avances"?

_____
_____
_____
_____
_____

¿Cómo puedes establecer un tiempo regular para revisar el progreso de tus metas?

_____
_____
_____
_____
_____

"NO MIRES LO LEJOS QUE ESTÁ LA META; ENFÓCATE EN EL PRÓXIMO PASO."

JOE PROCOPIO

# 11

*Por Santiago Ferreyra*

## DESDE LA PERSPECTIVA CORRECTA

*Una meta sin dirección espiritual puede volverse una obsesión. pero con Dios se convierte en una misión.*

Pablo les escribió estas palabras a los discípulos de Colosas: "Ya que han sido resucitados a una vida nueva con Cristo, pongan la mira en las verdades del cielo, donde Cristo está sentado en el lugar de honor, a la derecha de Dios. Piensen en las cosas del cielo, no en las de la tierra." (Colosenses 3:1-2 NTV).

Estas palabras son la base de toda meta en la vida de un

discípulo de Cristo. Si tienes un plan para vivir, por más simple que sea, te ayudará a estructurar tus días, canalizará tus esfuerzos, será como una guía en el camino y te llevará a alcanzar objetivos extraordinarios. Porque el que vive sin metas siempre verá a sus sueños como algo inalcanzable y lejano. En otras palabras, sus sueños seguirán siendo solo "lindos sueños".

Ahora, es importante que reconozcas esto: tus metas, mis metas, tienen un lugar de gestación. Nacen de una idea incipiente, un sueño es el génesis de una meta. Yo quiero motivarte a que antes de pensar en una meta para este año, mes o etapa de tu vida, le pidas a Dios que te muestre los planes que él tiene para ti. Él te proyectará a destinos de vida gloriosos y seguros.

David cantaba: "Me viste antes de que naciera. Cada día de mi vida estaba registrado en tu libro. Cada momento fue diseñado antes de que un solo día pasara." (Salmos 139:16 NTV). Y el apóstol Pablo les escribía a los hermanos de Éfeso: "Pues somos la obra maestra de Dios. Él nos creó de nuevo en Cristo Jesús, a fin de que hagamos las cosas buenas que preparó para nosotros tiempo atrás." (Efesios 2:10 NTV)

Cuando Dios te creó, también incluyó un libro de expectativas con tu vida; ese libro está abierto en el espectro celestial. ¡El discípulo de Cristo es una obra maestra de Dios, que incluye un compendio explicando el propósito y todo lo que es capaz de hacer, saber, conquistar y lograr!

Insisto en que te enfoques en el diseño que Dios tiene de ti y no recortes tus metas y deseos de vida a lo que se te venga a la cabeza. Porque si persigues tus propios planes, aunque los logres… siempre faltará algo para sentirte realizado, completo y feliz. Pero si acomodas tus metas conforme al diseño de Dios, te garantizo que habrá contentamiento y dicha inagotable; porque para eso fuiste creado.

¡Dios siempre ha tenido el mejor plan para tu vida!

## Las metas del autosuficiente

El autosuficiente se apoya en sus ideas, en su dinero, en sus fuerzas o en su saber y desde allí construye el castillo de sus sueños. Este tipo de personas piensa que lo que Dios pensó o haya planificado para él puede no ser tan bueno y emocionante como lo que él mismo ha pensado para sí.

Para el autosuficiente, Dios es como una rueda de auxilio, está guardada en el baúl del auto, espera no usarla nunca en su viaje; pero por si acaso va a recurrir a él solo en caso de fuerza mayor. Mientras tanto, las ruedas que quiere usar son las que él mismo diseñó y hace alarde de la belleza y fortale-za que ha logrado al diseñarlas. ¡El que vive con esta mentalidad está parado en un extremo sumamente peligroso!

> **"Los que confían en sí mismos son necios, pero el que camina con sabiduría estará a salvo."**
>
> Proverbios 28:26
> (TLA)

Quiero presentarte a uno de los personajes de la Biblia que se trazó metas basado en su propio ingenio y confianza: El rey David. -¡Sí!- El gran e icónico rey de Israel.

Las metas no necesariamente son malas en sí mismas, pero si las motivaciones y razones donde nacen y se fundamentan no son correctas, entonces todo el objetivo y plan de esa meta está destinado al fracaso y a la pérdida.

¿Qué hay de malo en que un rey quiera censar a su pueblo? Por el contrario, podríamos acordar que si un rey es responsable y ordenado en su gobierno, debiera saber cuántos habitantes y soldados tiene su reinado. Es más, podríamos argumentar que si no supiera cuántas personas y recursos tiene su reino, sería muy irresponsable.

David tenía una meta firme: censar a Israel.

Estaba en la cúspide de su reinado, había dominado a los temibles filisteos, a los edomitas, a los amonitas y a los arameos. ¡David se sentía invencible, fuerte y poderoso! Todos sus antiguos enemigos ahora le servían; los botines de guerra lo hicieron rico.

"¿Quién puede impedir que yo haga lo que desee? Tengo el mundo a mis pies y tengo todo lo necesario para satisfacer mi curiosidad y mis caprichos. Quiero saber la cifra del total, por varias razones: quiero saber cuán grande es mi ejército, cuál es el número de personas que logré conquistar… y quiero confirmar que todos estén pagando el tributo. ¡Cifras del resultado de mi labor! —Podría haber pensado el rey—.

"Una vez más el enojo del SEÑOR ardió contra Israel, y provocó que David les hiciera daño al levantar un censo. «Ve y cuenta a las personas de Israel y Judá», le dijo el SEÑOR". 2 Samuel 24:1 NTV

Y hasta Satanás sirve para cumplir los eternos propósitos de Dios. Las metas de Dios corren irremediablemente a su cumplimiento, así nos lo dice el libro de Crónicas: "Satanás se levantó contra Israel y provocó que David hiciera un censo del pueblo de Israel." 1 Crónicas 21:1 NTV

Y aunque Joab y los demás comandantes del ejército trataron de disuadirlo, no lograron aquietar el desenfreno de alguien que se percibió autosuficiente y poderoso. El problema no era el censo en sí, sino las motivaciones de David para lograr esa meta. Ese objetivo había nacido deforme, era una meta concebida en las entrañas de la autosuficiencia, la soberbia y el orgullo. ¡Todo iba a terminar mal! ¡Muy mal!

Además de ser una meta malnacida, hasta la manera de realizar el censo fue incorrecta. En Éxodo 30:11-12 NTV, está escrito: "Entonces el SEÑOR le dijo a Moisés: [12] «Cada vez que hagas un censo del pueblo de Israel, cada hombre contado tendrá que pagar al SEÑOR un rescate por sí mismo. Así ninguna plaga herirá a los israelitas cuando los cuentes.»"

Justamente esto revela que las motivaciones del censo eran mezquinas, realmente no le interesaba el censo, quería premiarse con el número total de súbditos, guerreros y tributo que le correspondería. ¡Y al Señor no le gustaron nada las motivaciones del censo!

## Consecuencias de la autosuficiencia

Una de las descripciones de la consecuencia de una meta deformada está escrita en 1 Crónicas 21:14 NTV: "Por lo tanto, el SEÑOR mandó una plaga sobre Israel, y como consecuencia murieron setenta mil personas."

Hubo plaga, pavor, peste y muerte como resultado de los errores del rey. (A los yerros de David se los cobró al pueblo). De la misma manera que cuando un padre o una madre de familia tiene metas y decisiones basadas en su autosuficiencia y saber… lamentablemente los resultados terminan afectando también a toda su familia.

Nunca elabores una meta apoyada en tu propia opinión, con un espíritu de autosuficiencia, pensando que estás por encima de todo… incluso de la voluntad de Dios. Es muy irresponsable jugar con Dios, con la vida, la familia y la iglesia, de esa manera.

## Las metas miserables de los miserables

El otro extremo, también peligroso, es elaborar las metas con una mentalidad minada de impotencia. Son planes de vida insulsos, faltos de color, chatos y deprimentes. Una mente herida, golpeada por fracasos, marcada por la reiteración de experiencias dolorosas no resueltas… no está saludable para generar un proyecto de vida sano y grandioso.

Ambos extremos son nocivos; ambos tienen expuesto el mismo problema: la mala gestión de la autoestima. Uno se apoya en lo superfluo del dinero, del saber y del poder; el otro se esconde tras los escombros de los fracasos y excusas. El que está golpeado, su lesión lo limita. Cuando planifiques tus actividades y proyectos, ten en cuenta que tu mentalidad influirá en la construcción de tus metas; por eso es importante sanar heridas del pasado. Pero si no te ocupas de curar esa herida... toda tu vida se aplanará, tus metas se alisarán, tus sueños perderán brillo. El herido necesita sanar y reestructurar su mente para volver a soñar y planificar grandiosidades. ¡Dios es experto en sanar y restaurar vidas!

> **"El Señor está cerca de los que tienen quebrantado el corazón; él rescata a los de espíritu destrozado."**
>
> Salmos 34.18 (TLA)

La Biblia nos cuenta que Gedeón era un joven fuerte y capaz, pero los golpes recibidos vez tras vez apocaron su ánimo y aplastaron sus sueños. En el libro de Jueces (6.1) se cuenta que por siete años Israel fue saqueado por los madianitas: "Cada vez que los israelitas sembraban sus cultivos, venían saqueadores de Madián, de Amalec y del pueblo del oriente, y atacaban a Israel". [4] Acampaban en territorio israelí y destruían las cosechas hasta la región de Gaza. Se llevaban todas las ovejas, las cabras, el ganado y los burros, y dejaban a los israelitas sin qué comer." Jueces 6:3-4 NTV.

Seguramente, cuando comenzaron los saqueos, Gedeón aún era un niño. Y habrá visto la cara de impotencia de Joás (su padre), de terror de su madre y la desesperación en todo el pueblo al ser despojados de todos sus bienes, animales y cosecha.

En el segundo año, su padre, junto a todo el pueblo, con ánimo renovado, sembró y cuidó con esmero las nuevas crías de animales. Y cuando todo estaba cosechado y almacenado… otra vez, los madianitas, el saqueo, la cara de impotencia y terror. Otra vez, el silencio doloroso de la pérdida, la bronca a flor de piel y la pobreza aumentaban. Llegó el tercer año y otra vez… las cosechas listas, unas cuantas crías, los madianitas, la angustia del saqueo, la impotencia, la bronca, el terror y el silencio. Y el niño/adolescente Gedeón sufría esas heridas emocionales junto a todo su pueblo.

¡Golpes de miedo, de abuso, de pobreza!

En Jueces 6:6 NTV, por causa de los saqueos, concluye: "Así que Israel se moría de hambre en manos de los madianitas. Entonces los israelitas clamaron al SEÑOR por ayuda."

Pasaron siete años y este niño creció, se hizo fuerte y hábil (físicamente)… pero su cabeza había sido moldeada a martillazos (los de los saqueos, la impotencia, la tristeza, el terror, etc.). Su tribu, su familia e incluso él mismo se acostumbraron a ser empobrecidos; sabían que serían saqueados una vez más. Ya mismo, en cualquier momento llegarían los madianitas y los despojarían de todo, incluyendo la dignidad, los sueños y un futuro prometedor.

Antes del saqueo del séptimo año, el pueblo y Gedeón mismo ya estaban derrotados; estaban convencidos de que les iba a ir mal. Clamaban a Dios por ayuda, pero terminada la oración, se preparaban para ser arrasados. ¿Para qué soñar, para qué ponerse una meta, para qué ilusionarse con un futuro mejor?... Si todos ellos habían concluido que una vez más, los madianitas los humillarían.

Puertas adentro, en la casa de Gedeón, las caras lo decían todo. Y este muchacho empieza a amasar esa mezcla de impotencia, bronca y rebeldía. ¡Algo tenía que hacer!

Casi como un acto de supervivencia, Gedeón tiene una idea, un plan de contingencia, una meta moribunda: ¡esconder parte de la cosecha en el lagar! Buscaba una manera de despistar a los saqueadores para preservar algo de alimento.

# Dios interviene en la vida de un miserable

La narración bíblica nos cuenta: "Después el ángel del SEÑOR vino y se sentó debajo del gran árbol de Ofra que pertenecía a Joás, del clan de Abiezer. Gedeón, hijo de Joás, estaba trillando trigo en el fondo de un lagar para esconder el grano de los madianitas. [12] Entonces el ángel del SEÑOR se le apareció y le dijo: —¡Guerrero valiente, el SEÑOR está contigo!" Jueces 6:11-12 NTV.

¿Guerrero? ¿Guerrero valiente? ¿Valiente? Gedeón no tenía nada de guerrero y mucho menos de valiente. Sin embargo, Dios con esa declaración está inaugurando un plan para sanar el corazón apocado de Gedeón, para remodelar su mente, para que luego amplíe su horizonte y sus ambiciones sean mejores y mayores.

> " ... Dios que da vida a los muertos y que crea cosas nuevas de la nada."
>
> Romanos 4.17b (TLA)

Gedeón, preso de los miedos suyos y de su comunidad, forzado por el peso de una realidad apremiante... esconde parte de la cosecha. Hace algo, casi como un impulso cobarde. Pero Dios lo desafía: "Entonces el SEÑOR lo miró y le dijo: —Ve tú con la fuerza que tienes y rescata a Israel de los madianitas. ¡Yo soy quien te envía!" Jueces 6:14 NTV.

En otras palabras, en vez de gastar tus fuerzas en algo tan mezquino, tan sin sentido y cobarde (porque escondía por miedo), haz algo de más valor, de mayor trascendencia, algo que realmente cambie la situación: liberta a Israel y rescátalos de sus enemigos.

El plan de Dios con Gedeón es para reorientar su indignación, es para modificar la mente y sanar el corazón.

Dios le está diciendo a Gedeón que dejara de tener una meta pequeña y centrada en su bienestar solamente, y la expandiera para solucionar de una vez y para siempre la situación de todo Israel. Gedeón se dejó moldear por Dios y el resultado fue una liberación espectacular y duradera de la opresión de Madián.

Al final, volvemos al principio: Cuando hagas planes para tu vida, lo mejor es mirar el diseño de tu vida que hay en el cielo, porque ese siempre será perfecto, grande y de bendición no solo para ti, sino para todos los que te rodeen.

## Para reflexionar:

¿Con qué clase de mentalidad escribes tus metas?

_____
_____
_____
_____
_____
_____

Si identificaste alguna meta escrita desde estos extremos, reescríbela con el espíritu correcto:

_____
_____
_____
_____
_____
_____

# "LOS GENES PUEDEN PREDISPONER, PERO NO PREDETERMINAR"

GABOR MATE

# 12

## HÁBITOS

*"El hábito no es una meta en sí mismo, sino una forma de alcanzar metas más grandes"*

*James Clear*

N o podía terminar el libro sin antes hablar de los hábitos. ¿Qué son?, ¿Qué importancia tienen en nuestras vidas?, ¿Cómo podemos deshacernos de aquellos que no nos gustan y cómo adquirir los que deseamos?

Ya hemos aprendido cómo plantear nuestras metas y desde qué perspectiva hacerlo, ahora nos enfocaremos en el proceso intermedio para alcanzar lo que deseamos. Antes de entrar de lleno al proceso, las formas, el cómo lo haremos, en el día a día, reflexionaremos juntos sobre cómo nos vemos a nosotros mismos hoy y cómo desearíamos ser. Cuando nos referimos al "Ser", estamos hablando de nuestra identidad.

## Los hábitos construyen tu identidad

Pongo un ejemplo personal: Al igual que muchas personas sobre la tierra, una de mis metas cada año es poder bajar esas libras de más, no me dejen sola en esto -jajaja-, y quizás tú también tengas esa meta. Muchas veces intenté hacer dietas diferentes y cuando alguien me preguntaba: "¿Quieres una dona?", yo respondía: "No, gracias, estoy a dieta". Quiero que pongas atención a esa respuesta: este tipo de contestación no apela al Ser, sino al Hacer; no tiene que ver con mi identidad, sino con actividades que realizo, en este momento estoy haciendo una dieta. Una respuesta que tenga que ver con mi identidad sería: "No, gracias. Yo no como alimentos que contengan mucha grasa ni alimentos ultraprocesados".

Este tipo de respuestas apuntan a quién soy. Soy una persona consciente de los alimentos que ingresan a mi organismo y que sabe el bien o mal que hacen. Quiero ser cada vez más esa persona que la gente identifique como "La saludable", "La que sabe controlarse", "La disciplinada aun en las comidas", "La que se cuida", pero principalmente quiero creerlo yo, sentirme parte de ese grupo de personas que tienen un estilo de vida saludable. Espero estar siendo clara, para que puedas entender que primero y antes de ponerme metas y objetivos, los cuales forman parte de un plan mayor que he diseñado para ser esa persona que quiero ser, tengo que modificar la forma en que pienso de mí misma. Mi autoestima (el valor que me doy a mí misma) depende de mi autoimagen (cómo me veo a mí misma); esa es la clave, el primer escalón antes de los cambios. Ser consciente de cómo me veo a mí misma determina mi verdadera identidad y condiciona mis pensamientos y mis palabras. Las expresiones que uso y las respuestas que doy solo manifiestan lo que yo pienso acerca de mí.

Después de haber escrito mi plan de vida, necesito reflexionar sobre quién quiero ser y no solo las cosas que quiero hacer. Para una transformación de mi ser, necesito saber primero en dónde estoy hoy, cuáles son los hábitos que quiero desaprender y cuáles son los hábitos que quiero adherir a mi vida. Tómate un tiempo y escribe qué hábitos te gustaría sacar de tu vida porque no te llevarán al lugar que tú quieres estar; y también los buenos hábitos que deseas añadir a tu vida, los cuales sí te llevarán a ese lugar deseado, donde tu ser será transformado en el proceso.

> **"Determinarás asimismo una cosa, y te será firme, y sobre tus caminos resplandecerá luz"**
>
> Job 22.28
> (RVR60)

Este proceso de transformación implica trabajo activo y consciente de parte nuestra. Nadie lo hará por nosotros. Durante toda la vida estaremos en este proceso de transformación, conquistándonos a nosotros mismos. Habrá victorias, retrocesos, aprendizajes, avances, etc.; en fin, mucho trabajo, pero con la satisfacción de que no nos quedamos en el mismo lugar, vamos avanzando con pasos firmes y seguros.

## Adquisición de nuevos hábitos

Hace poco leí un libro: "Hábitos Atómicos" de James Clear, el cual recomiendo, y pude sacar una enseñanza simple de cómo añadir un hábito nuevo a mi vida. Esta estrategia me parece fácil y útil, incluso de recordarla. A un hábito ya adquirido, le sumo un hábito nuevo y pequeño, James Clear lo dice así: "La mejor manera de construir un nuevo hábito es identificar uno que ya haces cada día y luego apilar el nuevo comportamiento en ese ciclo" (Clear, 2019). Por ejemplo: Cuando me levanto y salgo de mi cuarto, siempre me dirijo hacia la ventana que da al lago para abrirla. Este es un hábito ya adquirido en mi vida. Mi objetivo es agregar movimiento a mis días, porque el objetivo de ir al gimnasio todos los días para mí aún es muy grande en este momento. Necesitas sumar, atar a un hábito que ya tengas incorporado a tu vida, el hábito nuevo que deseas tener. El nuevo hábito pequeño, en mi caso, consiste en: después de abrir las ventanas, subirme a la escaladora y dar 100 pasos todos los días, lo cual me toma 2 minutos; así que mi pensamiento fue: esto es fácil, podré lograrlo. Y como te imaginarás, sí pude hacerlo durante dos semanas todos los días. Luego añadí 20 pasos más. Después de un mes pude ejercitar los brazos y repetir esto por las tardes. En conclusión, el impacto mental fue leve y fácil, lo que me permitió sostenerlo en el tiempo. Muchas veces, lo difícil no es empezar, sino continuar haciéndolo, por eso necesitamos que nuestro hábito sea sostenible en el tiempo, sea pequeño y atarlo a un hábito que ya hayamos adquirido.

Hagamos nuestras metas fáciles, agradables, pequeñas y accesibles todo el tiempo.

## Desaprender un hábito

Desaprender un hábito es más desafiante que adquirir uno nuevo. Los hábitos están profundamente arraigados en nuestra rutina, forman parte de nuestra identidad y de la manera en que nos percibimos. Sin embargo, para avanzar hacia la persona que deseamos ser, es fundamental identificar y dejar atrás aquellos hábitos que nos alejan de nuestras metas y valores.

# ¿Por qué es difícil desaprender un hábito?

Los hábitos, una vez establecidos, se ejecutan de manera casi automática, sin que tengamos que pensar demasiado en ellos. Nos brindan una sensación de seguridad y familiaridad, aunque no sean beneficiosos. Muchos hábitos indeseados ofrecen una gratificación instantánea (como comer comida chatarra o postergar tareas), lo que refuerza su repetición.

## Pasos para desaprender un hábito

- Reconoce el hábito que quieres dejar
- Sé honesto contigo mismo: ¿Qué hábito te está frenando? Escríbelo y reflexiona sobre cómo afecta tu vida.
- Identifica los detonantes: ¿En qué situaciones o emociones surge este hábito? ¿Qué lo desencadena?
- Investiga los beneficios de cambiar ese hábito que te hace mal por uno que te haga bien.
- Investiga todos los prejuicios que causa a tu vida ese mal hábito.
- Comprende la función del hábito

Todo hábito cumple una función, aunque sea negativa. Pregúntate: ¿Qué necesidad está cubriendo este hábito? ¿Estrés, aburrimiento, ansiedad?

Busca alternativas saludables para satisfacer esa misma necesidad.

- **Cambia la rutina:** Si siempre comes algo dulce después de cenar, prueba salir a caminar o llamar a un amigo en ese momento.
- **Modifica el entorno:** Elimina tentaciones o cambia los objetos que asocias con el hábito.

- **Sustituye:** No solo elimines

Es más fácil reemplazar un hábito que simplemente dejarlo. Por ejemplo, si quieres dejar de ver televisión por la noche, reemplázalo por leer un libro o escuchar música relajante.

- Sé paciente y compasivo contigo mismo

Desaprender lleva tiempo y requiere constancia. Habrá recaídas, pero cada intento es una oportunidad de aprendizaje. Celebra los pequeños logros y no te castigues por los retrocesos.

# Teoría de Prochaska y DiClemente, también llamada Modelo Transteórico del Cambio:

Esta teoría explica el proceso de cambio de conductas, hábitos, adicciones y salud. Afirma que los cambios no ocurren de golpe, sino que transitan diferentes etapas.

**Etapas del Cambio**

**Precontemplación:** La persona no reconoce el problema ni piensa en cambiar.

**Contemplación:** La persona reconoce el problema y piensa en cambiar, pero aún no actúa.

**Preparación:** La persona toma la decisión y empieza a planificar acciones concretas para cambiar.

**Acción:** Ya hay un cambio de conducta visible. Implica esfuerzo, compromiso y estrategias activas.

**Mantenimiento:** La persona trabaja en consolidar el cambio y prevenir recaídas.

**Recaída** (posible): El modelo reconoce que volver al hábito anterior es común (Prochaska y DiClemente,1983).

La recaída no se considera fracaso, sino parte del proceso, y se puede retomar desde la etapa necesaria.

Cambiar hábitos es un proceso que, como podemos ver, incluye la etapa de la recaída y claramente esto no significa que hayamos fracasado. Seguimos adelante, hacia nuestra meta, no centrando mi atención en la recaída sino a dónde quiero llegar.

**Ejemplo práctico:**
Desaprender el hábito de procrastinar
Supón que tu hábito de desaprender es la procrastinación. El primer paso es reconocer cuándo y por qué postergas tus tareas. Tal vez lo haces cuando te sientes superado por las responsabilidades o inseguro. Identifica ese momento y, en vez de abrir las redes sociales, decide dar un pequeño paso: escribir una lista de tareas o trabajar cinco minutos en la actividad pendiente. Así, sustituyes el hábito de postergar por el de avanzar, aunque sea poco a poco.

## Herramientas para desaprender hábitos

Lleva un diario donde anotes cuándo y por qué ocurre el hábito que quieres dejar.
Comparte tu objetivo con alguien de confianza que pueda animarte y recordarte tu propósito.
Imagina cómo será tu vida una vez que hayas dejado atrás ese hábito y, por último, visualiza los beneficios que disfrutarás.
Desaprender un hábito es un acto de valentía y autocompasión. Es reconocer que mereces una vida mejor y que tienes la posibilidad de cambiarla. Recuerda que cada paso, por pequeño que sea, te acerca a la persona que deseas ser. No se trata solo de dejar de hacer algo, sino de abrir espacio para nuevas oportunidades, aprendizajes y una identidad renovada.
El proceso de transformación personal implica tanto aprender como desaprender. Así como un jardinero poda las ramas secas para que el árbol crezca fuerte, tú también puedes

dejar atrás lo que ya no te sirve y florecer en nuevas direcciones.

¡Comprométete contigo mismo hoy!

>>> **Para Reflexionar** <<< ■ ■ ■ ■ ■ ■ ■ ■ ■ ■ ■ ■ ■ ■ ■ ■ ■ ■ ■

1- Escribe un hábito que quieras desaprender de tu vida

_____

_____

_____

_____

_____

_____

_____

_____

_____

_____

2- Escribe un nuevo hábito que te gustaría añadir a tu vida.

_____

_____

_____

_____

_____

_____

_____

_____

_____

# C

## CONCLUSIÓN

*"El éxito es la capacidad de ir de fracaso en fracaso sin perder el entusiasmo."*

*Winston Churchill*

Las metas no son simplemente anhelos o sueños efímeros; son declaraciones de propósito que nos motivan a progresar, evolucionar y vivir con objetivos. Los objetivos nos retan a pensar más allá de lo presente, a vencer dificultades y a persistir con coraje. Al definir metas precisas y alineadas con nuestros valores, otorgamos significado a cada acción que realizamos. No solo nos brindan la posibilidad de evaluar nuestros éxitos, sino también de aprender de nuestros fracasos. Son luces que aclaran nuestro camino en los momentos de incertidumbre y anclas que nos sostienen seguros cuando nos enfrentamos a las tempestades de la vida.

La vida sin metas es como un barco sin timón: puede estar en movimiento, pero carece de dirección. Sin embargo, cuando vivimos con metas, tenemos la oportunidad de avanzar "de gloria en gloria" y "de poder en poder", progresando continuamente en todas las áreas de nuestra vida.

**Todo lo puedo en Cristo que me fortalece."**

Filipenses 4:13 (TLA)

Tengamos en cuenta que nuestras metas no solo deben centrarse en lo que aspiramos a alcanzar, sino también en quién queremos convertirnos. Las metas cambian nuestras acciones, configuran nuestro carácter y nos capacitan para alcanzar los objetivos más elevados que Dios ha establecido para nosotros. Vivir con metas no es meramente un camino hacia la victoria; es un recorrido hacia una vida completa y con significado.

Nuestras metas deben estar alineadas con nuestros valores reales, garantizando que cada esfuerzo se dirija hacia un objetivo alineado con nuestros propósitos. Cuando nuestras metas están correctamente enunciadas, la vida deja de ser un cúmulo de días para transformarse en una obra maestra en constante transformación. Plantea tus metas desde la perspectiva correcta. No te desanimes si fallas, es normal, a todos nos pasa, pero seguimos adelante siempre.

¡Planifica tu vida, diseña tus días, avanza firme y constante, sabiendo que el más grande, Dios, está de tu lado!

# REFERENCIAS

**Capítulo 1**
Frankl, V. E. (2024). El hombre en busca de sentido (Ed. Herder).


**Capítulo 2**
Di Pellegrino, G., Fadiga, L., Fogassi, L., Gallese, V., & Rizzolatti, G. (1992). Understanding motor events: A neurophysiological study. Experimental Brain Research,91(1),176–180. https://doi.org/10.1007/bf00230027

Bandura, A. (1977). *Social Learning Theory*. Englewood Cliffs, NJ: Prentice-Hall

## Capítulo 3

Barraza, J.A., & Zak, P.J. (2009). *"Empathy toward strangers triggers oxytocin release and subsequent generosity."* Annals of the New York Academy of Sciences, 1167(1), 182-189.

## Capítulo 4

Canfield, J. (2005). The success principles: How to get from where you are to where you want to be. HarperCollins.

## Capítulo 5

Miedaner, T. (2002). Coaching para el éxito. Editorial Urano.

## Capítulo 6

Covey, S. R. (2004). Los 7 hábitos de la gente altamente efectiva: Lecciones poderosas para el cambio personal. Paidós.
Mischel, W. (2014). The Marshmallow Test: Understanding Self-Control and How to Master It. Little, Brown and Company.

## Capítulo 7

Bandura, A. (1997). Self-efficacy: The exercise of control. W.H. Freeman.

Cialdini, R. B. (2001). Influence: Science and Practice. Allyn & Bacon.

Csikszentmihalyi, M. (1990). Flow: The Psychology of Optimal Experience. Harper & Row.

Deci, E. L., & Ryan, R. M. (2000). The "what" and "why" of

goal pursuits: Human needs and the self-determination of behavior. Psychological Inquiry, 11(4), 227–268. https://doi.org/10.1207/S15327965PLI1104_01

Dweck, C. S. (2006). Mindset: The New Psychology of Success. Random House.

Locke, E. A., & Latham, G. P. (2002). Building a practically useful theory of goal setting and task motivation: A 35-year odyssey. American Psychologist, 57(9), 705–717. https://doi.org/10.1037/0003-066X.57.9.705

Maslow, A. H. (1943). A theory of human motivation. Psychological Review, 50(4), 370–396. https://doi.org/10.1037/h0054346

Seligman, M. E. P. (2011). Flourish: A Visionary New Understanding of Happiness and Well-being. Free Press.

## Capítulo 10

Canfield, J., & Switzer, J. (2016). Los principios del éxito: cómo llegar de donde está a donde quiere ir. HarperCollins.

## Capítulo 12

Clear, J. (2019). Hábitos atómicos: Un método sencillo y comprobado para desarrollar buenos hábitos y eliminar los malos. Paidós.

Prochaska, J. O., & DiClemente, C. C. (1983). Stages and processes of self-change of smoking: Toward an integrative model of change. Journal of Consulting and Clinical Psychology, 51(3), 390–395. https://doi.org/10.1037/0022-006X.51.3.390

**De la misma autora:**

Es la historia de cómo Valeria supo y pudo sobrepasar el cáncer de seno. Con fe en Dios y convicciones firmes, paso a paso, ella nos cuenta cómo pudo ser victoriosa y salir adelante.

Dios te hablará de manera clara y directa en cada capítulo. No podrás parar de leerlo, te atrapará. Te alentará a seguir adelante, cualquiera que sea tu dificultad, tu diagnóstico, tu dolor o tu pérdida.

*Escanea: consigue el tuyo!*

www.ingramcontent.com/pod-product-compliance
Lightning Source LLC
Chambersburg PA
CBHW072027040426
42447CB00009B/1760